Zentrum Moderner Orient
Geisteswissenschaftliche Zentren Berlin e.V.

Afrikanische Geschichte und Weltgeschichte: Regionale und universale Themen in Forschung und Lehre

■ Herausgegeben von
Axel Harneit-Sievers

Arbeitshefte 17

Verlag Das Arabische Buch

Die Deutsche Bibliothek - CIP-Einheitsaufnahme

Afrikanische Geschichte und Weltgeschichte : regionale und universale Themen in Forschung und Lehre / Zentrum Moderner Orient, Geisteswissenschaftliche Zentren Berlin e.V. Hrsg. von Axel Harneit-Sievers. - Berlin : Das Arab. Buch, 2000
   (Arbeitshefte / Zentrum Moderner Orient, Geisteswissenschaftliche Zentren Berlin e.V. ; 17)
   ISBN 3-86093-269-1

Zentrum Moderner Orient
Geisteswissenschaftliche Zentren Berlin e.V.

Kirchweg 33
14129 Berlin
Tel. 030 / 80307 228

ISBN 3-86093-269-1
ARBEITSHEFTE

Bestellungen:
Das Arabische Buch
Horstweg 2
14059 Berlin
Tel. 030 / 3228523
Fax 030 / 3225183

Redaktion und Satz: Margret Liepach

Druck: Offset-Druckerei Gerhard Weinert GmbH, Berlin
Printed in Germany 2000

Gedruckt mit Unterstützung der Senatsverwaltung
für Wissenschaft, Forschung und Kultur, Berlin

Inhalt

Vorbemerkung ... 5

Steven Feierman: Afrika in der Weltgeschichte: Regionale
Konfigurationen des Sozialen ... 9

Heike Schmidt Wissenproduktion und die Frage nach dem Ort
   der Weltgeschichte. Kommentare zu Steven Feierman ... 23

Helmut Bley Afrikanische Geschichte im Kontext von Weltgeschichte.
   Konsequenzen für die Lehrpraxis ... 37

Andreas Eckert Weltgeschichte in pragmatischer Absicht?
   Kommentar zu Helmut Bley ... 49

Vorbemerkung

Die Geschichte Afrikas hat sich als eigenständige Spezialisierungsrichtung innerhalb der Disziplin erst seit den 1950er Jahren herausgebildet und seither eine schnelle Entwicklung genommen.* Dies gilt besonders für die ehemaligen Kolonialmächte Großbritannien und Frankreich, die in der Periode der Dekolonisierung die Universitätsentwicklung in Afrika und den Ausbau von afrikawissenschaftlichen Institutionen in den europäischen Metropolen selbst vorantrieben. Dies gilt noch mehr für die USA, wo zunächst das Interesse an der Errichtung eines wissenschaftlichen Fundaments für die Weltmachtrolle und die entwicklungspolitischen Bemühungen im Vordergrund stand; hinzu kam seit den 1970er Jahren eine wachsende politische und kulturelle Bedeutung der afro-amerikanischen Community und ihres spezifischen Interesses an Afrika, das sich in der Gründung zahlreicher universitärer Zentren für Afrika- und afro-amerikanische Studien niederschlug, in denen sich afrikanische Geschichte als Fach gut etabliert hat.

In Deutschland dagegen ist die Geschichte Afrikas bis heute eher eine Randerscheinung innerhalb der ehrwürdigen, auf die „eigene" deutsche und europäische Geschichte konzentrierten universitären Disziplin geblieben. Institutionell gesehen war Afrika lange Zeit vor allem Forschungsgegenstand der Ethnologie als einer Wissenschaft von „den Anderen". Diese disziplinäre Unterscheidung war oft – vor allem aufgrund der Dominanz der strukturfunktionalistischen *social anthropology* anglo-amerikanischer Prägung – mit der Annahme verbunden, daß die „anderen" Gesellschaften nicht über Geschichte im europäischen Sinne verfügten. Die Abgrenzungen zwischen beiden Disziplinen, Geschichte und Ethnologie, wurden seit den 1980er Jahren zunehmend aufgeweicht. Auf beiden Seiten wurden entsprechende Sub-Disziplinen institutionalisiert, unter Begriffen wie „Ethnohistorie", „Europäische Ethnologie" und „Historische Anthropologie". Bei Fragestellungen und Methoden, aber auch in den Formen der Selbstreflexion gibt es inzwischen eine große Schnittmenge beider Disziplinen, ohne daß die jeweiligen Fachtraditionen bedeutungslos geworden wären. Die Verbindungen vieler Afrika-Historiker und -Historikerinnen in Deutschland zur Ethnologie sind heute stärker als zu der Disziplin, aus der sie stammen.

Die regionale Spezialisierung der Afrika-Geschichtsschreibung hat zu erfolgreicher interdisziplinärer Zusammenarbeit geführt, zugleich aber auch Probleme der Vermittlung zu generalisierenden Ansätzen in der Geschichtswissenschaft selbst mit sich gebracht. Neue Ansätze, „Weltgeschichte" zu schreiben, haben inzwischen die

---

* Wichtige deutschsprachige Einführungstexte für die Geschichte Afrikas sind: John Iliffe, Geschichte Afrikas, München 1997, als Gesamtdarstellung; Leonard Harding, Geschichte Afrikas im 19. und 20. Jahrhundert; München 1999, als Überblick zu Forschungsproblemen, Studium, Quellen und Methoden (mit umfangreicher Bibliographie); sowie Jan-Georg Deutsch/Albert Wirz (Hg.), Geschichte in Afrika. Einführung in Probleme und Debatten, Berlin 1997.

eurozentrische Perspektive überwunden, die die Geschichte der außereuropäischen Welt primär als Geschichte der europäischen kolonialen Expansion (oder, in kritischer Umwertung, als Geschichte des europäischen Imperialismus) darstellte. Es besteht jedoch ein grundsätzliches Spannungsverhältnis zwischen den Regionalgeschichtsschreibungen zur außereuropäischen Welt und Ansätzen zur Weltgeschichtsschreibung, das über das methodische und arbeitstechnische Problem der Integration heterogener Spezialstudien hinausgeht. Das Verhältnis zwischen der Geschichtsschreibung Afrikas und der allgemeinen „Weltgeschichte" scheint durch zwei einander widersprechende Blickwinkel und Tendenzen bestimmt:

Auf der einen Seite hat die Afrika-Geschichtsschreibung den Nachweis zu erbringen versucht, daß Afrika entgegen ehemals verbreiteten gegenteiligen Behauptungen eine eigene Geschichte besitzt – und eine relevante Geschichte zumal. Dabei ging es immer auch darum zu zeigen, daß dies eine Geschichte in dem Sinne ist, wie es sie auch für Europa bzw. den Westen gibt. Damit geht ein zumindest der Herkunft nach eurozentrisches Geschichtskonzept einher, dem es um eine *Inkorporation* der Vergangenheit Afrikas in eine Weltgeschichte geht, welche zumindest konzeptionell von Europa aus definiert ist und die davon ausgeht, daß die Geschichte global grundsätzlich denselben Logiken folgt. Dies ist, so scheint mir, die ältere Tradition der Afrika-Geschichtsschreibung, aber sie ist bis heute wichtig und auch durchaus nicht überholt. Unter diesem Blickwinkel wird die Konzentration der frühen Afrika-Geschichtsschreibung auf koloniale Staaten und Königreiche verständlich. Ein anderes charakteristisches Beispiel findet sich in manchen Arbeiten der Wirtschaftsgeschichtsschreibung zum vorkolonialen Afrika, die die (Welt)Marktintegration und „Modernität" afrikanischer Ökonomien des 19. Jahrhunderts betont.

Auf der anderen Seite steht die Tendenz in der Afrika-Geschichtsschreibung, das Eigene, Spezielle und auch – im Vergleich zu Europa – Andersartige der Geschichte Afrikas in den Vordergrund zu rücken. In der Betonung des Afrika-Spezifischen wird dieses als Gleichberechtigtes neben die historische Erfahrung Europas gestellt, oder auch in Kontrast zu ihr. Die Zielrichtung hier ist es, die *Abgrenzung* und das *Beharren auf Andersartigkeit* gegenüber Europa und dessen Anspruch, allgemeingültige Maßstäbe für welthistorische Prozesse zu setzen, in den Vordergrund der Analyse zu stellen.

Eine solche Perspektive stellt die Möglichkeit zum Schreiben einer nach einheitlichen Logiken funktionierenden, die ganze Menschheit umfassenden „Weltgeschichte" grundsätzlich infrage – und fordert zur Neubestimmung ihrer grundlegenden Begrifflichkeiten auf. Dies ist das Thema von *Steven Feierman* im ersten Beitrag dieses Bandes. Er zeigt, daß einige der von Historikern üblicherweise für die Analyse westlicher Gesellschaften verwendeten Begriffe – wie „Geld", „Religion" und „Herrschaft" – bei der Untersuchung afrikanischer Gesellschaften andere, zu den im europäischen Kontext verwendeten Begriffen inkompatible Bedeutungen erhalten. Feiermans Vorschlag zur Lösung der daraus entstehenden Aporien besteht in einer Reorientierung auf regionale und regional integrierende Formen der Geschichtsschreibung. In ihrem Kommentar zu Feierman stellt *Heike Schmidt* demgegenüber die integrierenden Momente in den Vordergrund. Sie betont, daß sich ähnliche Forschungsmethoden (zum Beispiel das lebensgeschichtliche Interview, die langfristig angelegte Feldforschung) in ihrer Anwendung in Afrika und in westlichen Gesellschaften als gleichermaßen produktiv für das Verständnis der betreffenden Gesellschaften erwiesen haben. Sie weist darüber hinaus darauf hin, daß die Beschäftigung mit der afrikanischen Geschichte auch die paradigmatische Rolle Europas für weltgeschichtliche Prozesse relativiert hat, nicht zuletzt durch die Betonung lokaler Partikularismen, die in der Geschichte aller Gesellschaften heute stärker thematisiert werden.

Die konzeptionellen und methodologischen Fragen, die bei der historischen Forschung in Afrika deutlich werden, haben sich als ausgesprochen produktiv für die Disziplin der Geschichtswissenschaft insgesamt erwiesen; dabei bleibt die Darstellbarkeit von Weltgeschichte unvermeidbar prekär. Zugleich besteht jedoch klar die Notwendigkeit, im schulischen und universitären Unterricht die Grundlagen der Menschheitsgeschichte in einem überschaubaren Rahmen von Zeitaufwand und Stoffvermittlung zu behandeln. Vor diesem Hintergrund diskutiert *Helmut Bley* Möglichkeiten der Curricula-Entwicklung, zum einen anhand der Grundsätze, die zur Behandlung hochgradig divergierender Geschichtsinterpretationen in Südafrikas Schulen entwickelt wurden, zum anderen anhand der Erfahrungen der universitären Lehre in Deutschland, in der ein Themenkanon geschaffen wurde, der die Eurozentrik der Weltgeschichte alten Typs vermeidet und dabei Afrika als integralen Bestandteil der Menschheitsgeschichte behandelt. In seinem Kommentar zu Bleys Beitrag zeichnet *Andreas Eckert* schließlich die Grundlinien neuerer Ansätze der Weltgeschichtsschreibung nach und beendet diesen Band mit einem Plädoyer an alle Historiker, ihre regionalen Nischen zu verlassen – seien letztere nun in Europa oder in Afrika angesiedelt.

Dieser Band wendet sich vor allem and Historikerinnen und Historiker mit Interesse an der Geschichte der außereuropäischen Welt, sei es in der Forschung, in der universitären Lehre oder im Geschichtsunterricht der gymnasialen Oberstufe. Die in diesem Band enthaltenen Texte sind überarbeitete und teilweise wesentlich erweiterte Fassungen von Vorträgen und Diskussionsbeiträgen, die auf dem Workshop „African History and World History" am 28. Mai 1998 am Zentrum Moderner Orient, Berlin, vorgestellt und diskutiert wurden. Das Zentrum Moderner Orient ist eine Forschungseinrichtung zur Untersuchung von Geschichte und Gesellschaften des Nahen Ostens, Afrikas und Südasiens der Neuzeit und Gegenwart. Es ist interdisziplinär ausgerichtet; dort sind Mitarbeiter und Mitarbeiterinnen aus der Islam-Geschichts- und Politikwissenschaft, Ethnologie, Soziologie und Ökonomie tätig. Seit seiner Gründung im Jahre 1996 haben sich Arbeitsgruppen am Zentrum Moderner Orient mit den Auswirkungen von Globalisierungsprozessen im weiteren Sinne, d.h. mit Prozessen der weltweiten Vernetzung und Interaktion seit dem 18. Jahrhundert, befaßt. Eine gemeinsame Perspektive war es, den Begriff der Globalisierung weiter zu fassen als ein rein ökonomisches Phänomen der jüngsten Geschichte, eine andere, Globalisierung nicht allein als einen Prozeß zu sehen, der von den Metropolen der westlichen Welt ausgeht und von ihnen kontrolliert wird. Vielmehr sollte die aktive Rolle der Gesellschaften des Nahen Ostens, Afrikas und Südasiens in diesen Prozessen im Vordergrund der Betrachtung stehen. Es ging darum, die hier entwickelten Formen der „Aneignung" von und „Abgrenzung" gegenüber Globalisierungsprozessen zu identifizieren, im politischen und sozialen, kulturellen und religiösen Bereich. Die Interdependenz zwischen lokaler Spezifizität und dem Globalen war ein zentrales Thema dieser Arbeiten. In diesen Kontext ordnet sich auch der vorliegende Band ein.

Der Dank des Herausgebers geht an Julia Ziegler für ihre Übersetzung des Textes von Steven Feierman aus dem Amerikanischen und ihre redaktionelle Mitarbeit, an die Deutsche Forschungsgemeinschaft, durch deren Unterstützung Steven Feierman als Gastwissenschaftler an das Zentrum Moderner Orient eingeladen werden konnte, an alle Mitarbeiter, Förderer, Freunde und Gäste des Zentrums, die Beiträge zur Debatte und Organisation des Workshops und damit auch zum Zustandekommen dieses Bands geleistet haben, an Erdmute Alber für ihre Hinweise zur Schlußfassung und an Margret Liepach für die Schlußredaktion.

Dieser Band ist Ulrich Haarmann (1942-1999) gewidmet. Er konnte nur kurze Zeit als Direktor unserer Einrichtung wirken, in der er jedoch maßgeblich Weichen für die Weiterentwicklung der Einrichtung stellte, die über seinen Tod hinaus wirken. Ihm lag die fächerübergreifende Vernetzung von Regionalgeschichtsschreibungen immer besonders am Herzen. Für seine Aufgeschlossenheit gegenüber der Bandbreite der am Zentrum vertretenen Forschungsansätze und regionalen Spezialisierungen und für seine große Produktivität und Imagination bei der Integration dieser Ansätze denken wir mit Dankbarkeit an ihn zurück.

Axel Harneit-Sievers

Afrika in der Weltgeschichte:
Regionale Konfigurationen des Sozialen

Steven Feierman

Ich möchte hier auf eine Reihe von Paradoxien eingehen, die auseinander hervorgehen. Sie alle tragen zu einem unguten Gefühl unter Historikern bei, was den Wissensstand über die Geschichte Afrikas betrifft. In jedem dieser Fälle haben Historiker mit neuen Informationen wichtige Wissenssysteme aufgebaut. Zugleich hat diese neue Information das historische Verstehen eher verworrener und unklarer gemacht. In gewisser Hinsicht könnte dies als der „normale Fortschritt der Wissenschaft" bezeichnet werden: Wissenschaftler errichten ein Wissenssystem, das so umfangreich wird, daß sie beginnen, die leichtfertigen Verallgemeinerungen, die den Ausgangspunkt bildeten, zu hinterfragen. Was die afrikanische Geschichte betrifft, so ist die Erschütterung des Wissens jedoch grundlegender. Das rapide gewachsene Wissen über afrikanische Geschichte hat nicht nur Verallgemeinerungen über Geschichte in Frage gestellt, sondern sogar die Worte, mit denen Historiker Ereignisse und Prozesse beschreiben. Begriffe wie „Religion" oder „Händler" – Begriffe, die rein beschreibend erschienen und eine universal verständliche Bedeutung trugen – sind plötzlich problematisch geworden. Das weltweite Narrativ, innerhalb dessen Historiker Lokalgeschichte zu erzählen gewohnt sind, hat sich aufgelöst und Verwirrung hinterlassen. Und zugleich – sozusagen als Paradoxie im Quadrat – lösen sich die Dinge, die Wissenschaftler über das Lokale wissen, jedesmal auf, wenn wir sie aufgreifen. Grund dafür ist, daß das Lokale nicht nur Elemente des Globalen in sich trägt, sondern diese auch transformiert.

Etwa seit 1960 widmen Historiker auf der ganzen Welt – mancherorts früher, mancherorts später – der Geschichte von Völkern, die zuvor aus den großen Narrativen der Weltgeschichte ausgeschlossen worden waren, immer mehr Aufmerksamkeit. Von diesen Völkern sprach Eric Wolf, als er seinem Buch den Titel *Europe and the People without History*[1] gab. Die neuen Formen der Geschichtsschreibung versuchten, die Vergangenheit nicht nur Afrikas, sondern auch der Ureinwohner des amerikanischen Kontinents, der Sklaven auf amerikanischen Plantagen und der Frauen – der überall und zu allen Zeiten schweigenden Mehrheit – darzustellen.

In Afrika versuchten wir als Historiker das Problem dessen anzugehen, was ich das „Nicht-Vorhandene" genannt habe, d.h. eine Bestimmung unseres Forschungsfeldes durch das, was abwesend war. Wir fragten uns, wie Kultur in *nicht*schriftlichen Gesellschaften weitergegeben wurde, wie Menschen eine politische Ordnung hervorbrachten, obwohl sie in staaten*losen* Gesellschaften lebten, und wie wir Geschichte in *Abwesenheit* imperialer Strukturen – groß genug, einer den Kontinent umspannenden Geschichte Gestalt zu verleihen – schreiben können. Zeitweise begegneten wir dem Problem des „Nicht-Vorhandenen", des „Weniger" und der Abwesenheiten mit neuen lokalen Fallstudien und vertrauten darauf, daß es die zehn oder hundert Fälle in ihrer Gesamtheit irgendwie ermöglichen würden, ein allgemeines Narrativ der Geschichte des Kontinents und seines Ortes in der Weltgeschichte zu konstruieren.

Das Bemühen um Rekonstruktion der Vergangenheit war großenteils erfolgreich. Afrikanische Historiker fanden neue Wege, orale Traditionen zu untersuchen, und wir entwickelten andere Techniken historischer Rekonstruktion. Historiker produzierten eine Vielzahl von Lokalgeschichten. Einige der ersten stammten aus Nigeria – J.F.A. Ajayis Arbeit über die dortige frühe Geschichte des Christentums sowie K.O. Dikes Arbeit über den Handel auf den Flußarmen im Niger-Delta. Es folgten viele Lokalgeschichten, die auf oralen Traditionen basierten: Andrew Roberts schrieb über die Bemba, Ogot über die Luo, Muriuki über die Kikuyu, Alagoa über Bonny usw.[2]

Das Wachstum war überwältigend: 1958/59 berichtete die *American Historical Association* über die Arbeitsgebiete von 1735 graduierten Studenten an US-amerikanischen Universitäten, von denen sich ein einziger mit afrikanischer Geschichte befaßte. Die Situation in Deutschland war ähnlich. Aber dann vollzog sich ein rascher Wandel. In den späten 1970er Jahren gab es in den Vereinigten Staaten 600 professionelle Afrika-Historiker, und ihre Zahl ist seither noch gewachsen, auch in Europa und Afrika.[3] All diese Historiker, mittlerweile sind es Tausende, forschten und schrieben akademische Arbeiten und Bücher. Sie haben ein neues Wissensgebiet aufgebaut, das es zuvor nicht gab.

Doch während die afrikanische Geschichte die Weltgeschichte bereicherte, geschah etwas Eigenartiges: Durch unsere Studien über Afrika wurde deutlich, daß die Sprache, in der Historiker über die Welt schreiben, eine europäische ist, und daß diese einer Welt aufgezwungen – über-schrieben – wurde, der sie fremd ist. Es wurde deutlich, daß die angeblich universalen Begriffe in Wirklichkeit eng an eine akademische Kultur gebunden sind, die auf europäischer Geschichte basiert.

Ich möchte zwei Beispiele nennen, die jeweils ein spezifisches Problem illustrieren. Das erste ist ein Beispiel für das, was ich eine „alternative Konfiguration des Sozialen" nenne. Was daran im Moment noch unklar ist, wird sich hoffentlich im folgenden erhellen. Im zweiten Beispiel geht es um das Problem kultureller Hybridität.

(1) Ich habe vor kurzem einige Zeit damit zugebracht, ein Thema zu untersuchen, das ich die „Sphäre öffentlichen Heilens" nenne, d.h. Institutionen zur Heilung von Kollektiven. Im Englischen (wie im Deutschen) erscheint der Begriff des „öffentlichen Heilens" in sich widersprüchlich. „Heilung" scheint sich notwendigerweise auf eine einzelne Person zu beziehen, die leidet, und nicht auf ein politisch institutionalisiertes Kollektiv. „Heilen" bedeutet, nach dem *Oxford English Dictionary*, „die Wiederherstellung oder Gesundung in körperlicher Hinsicht", oder „gesund werden ... bezogen auf eine Person, ein betroffenes Körperteil oder eine Wunde". Im Gegensatz dazu verwenden viele Bantu-Sprachen aus Ost-, Süd- oder Zentralafrika eine Reihe von Begriffen für „Heiler" gleichermaßen für diejenigen, die den Körper von Individuen, wie auch für diejenigen, die den Gesellschaftskörper (*body politic*) heilen[4]. Weissagung zielte darauf ab, etwas über den Zustand von Individuen oder Gemeinschaften in Erfahrung zu bringen. Und eine „Medizin"

konnte dazu verwendet werden, die Verletzung einer Person oder aber den Hunger einer ganzen Region zu behandeln. Ein Grund dafür, warum dies so schwer zu verstehen ist, liegt darin, daß heute ein „traditioneller Heiler" zumeist jemand ist, der (wie ein Arzt) individuelle Krankheitsfälle behandelt. Aber es gibt viele Belege dafür, daß das, was wir „traditionelles Heilen" nennen (in dieser engen, auf ein Individuum bezogenen Lesart), erst als Folge der kolonialen Eroberung entstand. Es war eine in der Kolonialzeit gebildete Konstruktion.[5]

Wir wissen, daß öffentliche Heiler in Widerstandsbewegungen auf dem ganzen afrikanischen Kontinent eine bedeutende Rolle spielten – im Widerstand der Baule gegen die Franzosen, im Maji-Maji-Aufstand in Süd-Tansania, in der Nyabingi-Bewegung im Südwesten Ugandas und in vielen anderen Fällen. Wenn wir jedoch darüber nachdenken, wie wir über die größere Zeiträume umfassende Geschichte dieser Regionen schreiben, macht die Sache mit den öffentlichen Heilern keinen Sinn. Die Heiler, die zur Zeit der Eroberungen so wichtig waren, scheinen in der längerfristigen Geschichte keine Rolle zu spielen. In der akademischen Geschichtsschreibung tauchen öffentliche Heiler zur Zeit der Eroberungen in kurzen und dramatischen Momenten auf. Sie haben jedoch nur wenige Vorläufer und haben auch kein Erbe hinterlassen. Geschichten des Maji-Maji-Aufstands zum Beispiel beschreiben die Netzwerke von Heilern, die an der Bewegung beteiligt waren. Sie untersuchen die Verbreitung von Schreinen im Verhältnis zu der Form, die der Aufstand annahm. Aber diese Geschichten des Aufstandes gründen sich nicht auf eine längerfristige Geschichte des Heilens als Institution. Die Institutionengeschichte betont die Rolle politischer Autoritäten, der Häuptlinge und Lineage-Oberhäupter. Heiler scheinen 1905 aus dem Nichts zu kommen, um zu kämpfen, und gleich darauf wieder zu verschwinden.[6]

Ein weiteres Problem betrifft das Wort „Religion". Es zeigt sich deutlich an der Geschichte der Nyabingi-Medien in Südwest-Uganda, die kurz nach der Jahrhundertwende wiederholt gegen die Briten rebellierten. Regionalgeschichten beschreiben die Nyabingi-Medien in Analogie zu Europa als religiöse Führer. Die historische Diskussion bezieht sie in ein weltgeschichtliches Narrativ über das Verhältnis von Staat und Kirche ein.[7] Dabei ähnelten die Organisationsformen den europäischen keineswegs. Wenn wir das Wort „religiös" verwenden, nehmen wir einem europäischen Modell gemäß an, daß Priester oder Pastoren Oberhäupter von Gemeinden waren, mit denen sie sich regelmäßig trafen. Diesem Modell zufolge konnte ein Priester, der zur Durchsetzung eines politischen Ziels Leute mobilisieren wollte, sich an seine Gefolgschaft wenden. Die Geistermedien und Wahrsager Südwest-Ugandas hatten jedoch keine Gemeinden, und weil ihnen diese Organisationsform fehlte, erscheint ihr plötzliches Auftauchen in Momenten der Rebellion nicht in einen sozialen Kontext eingebettet zu sein.

Ich will die Bedeutung all dessen für das Schreiben von Weltgeschichte klar herausstellen. Je mehr wir darauf bedacht sind, lokale Formen mit Feinfühligkeit und Präzision zu beschreiben, desto stärker untergräbt die Besonderheit lokaler Beschreibungen die Begriffe, mit denen wir Weltgeschichte schreiben, stellt sich ihnen entgegen und widerspricht ihnen. Die Suche nach Authentizität führt zu einem Bewußtsein des Verlusts – denn wenn Historiker die Sprache der Kirche und des Staates, wie schwerfällig sie auch sei, akzeptieren, erlaubt ihnen dies, ein breiter angelegtes Narrativ zu konstruieren, in dem europäische und afrikanische Institutionen Seite an Seite erscheinen, als Gleiche in ihrer Ähnlichkeit. Je feinfühliger unsere Beschreibungen sind, desto weniger leicht läßt sich von ihnen verallgemeinern, weil sie ungewöhnliche Konfigurationen des Sozialen aufzeigen. Ich will dies kurz näher ausführen:

In der Weltgeschichtsschreibung, sei es in der Tradition der *Annales*, in der neomarxistischen Tradition von Eric Wolf oder vielleicht auch in der neodiffusionistischen Tradition von McNeill, ranken sich Fragen nach den Beziehungen zwischen wirtschaftlicher Akkumulation und politischer Macht in der frühen Neuzeit oft um die Beziehungen zwischen Händlern und dem Staat. Bennassar zum Beispiel fragt, warum Afrikaner langsamer Reichtum akkumulierten als Europäer. Seine Antwort lautet, Kaufleute in Afrika seien stärker vom Staat kontrolliert worden. Als Beleg führt er an, daß das Land eines Kaufmanns im Königreich Kongo nach seinem Tod dem König zufiel und nicht seinen Erben.[8] Aber wenn wir über den Kongo hinaus die umliegenden Regionen betrachten, sehen wir in der gleich nördlich angrenzenden Gegend, daß Handel und Politik im 17. und 18. Jahrhundert oft von einer Vereinigung von Heilern kontrolliert wurden, die sich Lemba nannte. Man wurde Mitglied, indem man krank wurde und Heilung suchte. Langjährige Mitglieder wurden zu Heilern. Oft waren sie es, die Handel betrieben und die Märkte regulierten. Hier konnte Heilen als eine Form des Regierens und der kommerziellen Organisation sein.[9] Diese Konfiguration des Sozialen unterscheidet sich sehr stark von der europäischen und stellt den Historiker, der die Geschichte von Handel und Politik in ihrer Breite über die Jahrhunderte hinweg darstellen möchte, vor ein ernsthaftes Problem. Wenn wir als Historiker all die lokalen Institutionen aufführen, schreiben wir Geschichtsbände voll absonderlicher Details, etwa wie in einem Kuriositätenkabinett des 18. Jahrhunderts. Vernachlässigen wir aber die lokalen Institutionen, wenn wir über Händler und Könige, wirtschaftliche Akkumulation und politische Macht schreiben, riskieren wir, Lemba aus dem Blick zu verlieren. Keine der beiden Strategien ist befriedigend.

Die unbequeme Erkenntnis, daß breit angelegte Geschichte lokalen Gegebenheiten Gewalt antut, wurde sowohl in Europa als auch in Afrika gemacht. Über Carlo Ginzburg und andere italienische Historiker, die sich mit Ereignissen, Gemeinschaften oder Mißgeschicken auf der Mikroebene beschäftigen, schreibt Jacques Revel: „Die Veränderung des Beobachtungsmaßstabs zeigt nicht nur das Bekannte im Kleinen, sondern unterschiedliche Konfigurationen des Sozialen."[10]

(2) Der zweite wichtige Punkt läßt sich anhand eines eher zeitgenössischen Beispiels illustrieren. Das Problem würde ich grob mit dem Ausdruck „kulturelle Hybridität" kennzeichnen. Das Beispiel stammt aus Sharon Hutchinsons Arbeit über Geld bei den Nuer. Es ist faszinierend, weil es uns zwingt, über Geld als etwas kulturell Konstruiertes und lokal Definiertes nachzudenken – was Historiker bis in die jüngste Zeit nicht getan haben.

Nuer arbeiten heutzutage als Lohnarbeiter, operieren als Kaufleute und treiben Handel mit Vieh und anderen Waren. Demnach kann man festhalten, daß sie in die kapitalistische Welt der Warentausches eingetreten sind. Sie sprechen die universale

Sprache des Geldes und der Preise. Und dennoch ist Geld für die Nuer alles andere als universell austauschbar – keineswegs Teil einer imaginären kapitalistischen Welt ohne Grenzen, in der Geld und Objekte frei zirkulieren. Nuer-Männer, die in den 1980er Jahren nach Khartoum reisten, um dort gegen Lohn zu arbeiten, teilten ihre Arbeit in zwei sehr verschiedene Kategorien ein. Sie unterschieden deutlich zwischen zwei Arten von Lohn. Das Geld, das man mit dem Leeren von Latrinen oder Arbeiten im Haushalt verdiente, galt als schmutziges Geld. Man konnte es nicht dazu verwenden, Rinder zu kaufen. Nuer sagten, „Rinder, die mit schmutzigem Geld gekauft wurden, können nicht leben". Schweißgeld, d.h. körperlich hart erarbeitetes Geld galt mehr als Latrinengeld und konnte für den Kauf von Rindern verwendet werden. Aber es gab eine noch bessere Art von Geld, nämlich solches, das über den Verkauf von Tieren verdient wurde und sich „Rindergeld" nannte. Unsereiner würde drei identische Geldscheine sehen, aber in dieser Sicht der Dinge waren Schmutzgeld, Schweißgeld und Rindergeld durchaus verschieden und entsprechend dazu da, auf unterschiedliche Art und Weise gebraucht zu werden.[11]

Diese spezielle Studie über das Geld ist Teil eines breiteren Forschungsfeldes, das nicht nur die Kultur des Geldes und der Waren untersucht, sondern die Zirkulation von Dingen, die aus Europa stammen – Gegenstände und Praktiken, Bilder und Metaphern – im allgemeinen. Diese Literatur untersucht genauer, wie Produkte der europäischen Kultur überall dort, wo sie aufgegriffen werden, ein Teil der lokalen Kultur werden. Jean und John Comaroff, die in dieser Hinsicht wichtige Arbeit geleistet haben, beschrieben ihr Ziel als „die Rekonstruktion einer lebendigen Kultur durch das Einspeisen fremder Zeichen und Dinge in jeden Lebensbereich"[12]. Solche Studien kultureller Hybridität scheinen gerade jetzt wichtig, nach dem Ende dessen, was Eric Hobsbawm das kurze 20. Jahrhundert nannte. In dieser bereits begonnenen Phase nach dem Ende des 20. Jahrhunderts haben sich die starren politischen Grenzen des Kalten Krieges aufgelöst. Gleichzeitig strömen kulturelle Bilder und digitale Information rasch von einer Region zur anderen. Und es gibt den endlosen Fluß des Kapitals, das in einer Region lange genug verbleibt, um die Konsummuster zu verändern, bevor es weiterzieht.

Die am stärksten auf diese Entwicklungen eingestimmten Wissenschaftler haben sich die paradoxe Aufgabe gestellt, regionale Kulturen zu dokumentieren und gleichzeitig die machtvollen Auswirkungen der globalen Ströme von Stilen, Diskursen und Praktiken aufzuzeigen. Historiker und Ethnographen der Hybridität haben einen Rahmen geschaffen, der es ermöglicht, brillant Kulturgeschichte zu schreiben. Die Geschichte des Geldes ist ein Beispiel dafür. Ich denke auch an Bücher wie das von Timothy Burke über die Geschichte der Werbung in Zimbabwe, der beschreibt, wie Seife tief in der lokalen Kultur verwurzelte geschlechtsspezifische Bedeutungen annahm; oder an Nancy Hunts Arbeiten über Missionare, an das, was sie die „Messer und Gabel-Doktrin" in Ost-Zaire nennt; oder aber an die Arbeit der Comaroffs selbst über die Reinterpretation von Uhren und Spiegeln bei den Tswana.[13] Ihr Ziel, ich wiederhole ihre Worte, besteht in der „Rekonstruktion einer lebendigen Kultur durch das Einspeisen fremder Zeichen und Dinge in jeden Lebensbereich".

Doch wieder taucht ein schwerwiegendes Problem auf. Und wieder – ausgehend vom Interesse der Comaroffs an Spiegeln – ist das Problem ein Spiegelbild des er-

Doch wieder taucht ein schwerwiegendes Problem auf. Und wieder – ausgehend vom Interesse der Comaroffs an Spiegeln – ist das Problem ein Spiegelbild des ersten, das aus unserer Entdeckung bestand, daß die angeblich universale Sprache der Historiker in Wirklichkeit lokal ist – sie entstammt einem bestimmtem Umfeld und geht auf die Erfahrung Europas zu einem bestimmten Zeitpunkt zurück. Wenn wir jedoch in der afrikanischen Kulturgeschichte nach einer Lösung suchen, wird klar, daß die Dinge, die wir über das Lokale wissen, nicht zu fassen sind, weil das Lokale als Pastiche zirkulierender Elemente des Globalen erscheint.

Die Untersuchungen über kulturelle Hybridität und Zirkulation lehren uns Dinge, die wir wissen müssen. Sie bereichern unsere Vorstellungskraft. Ich halte es jedoch für wichtig, nicht nur an jeden einzelnen Beitrag zu denken, sondern sich die Gesamtheit all dieser Beiträge zu einem umfassenderen Narrativ zusammengefaßt vorzustellen – als eine allgemeinere Darstellung, die sich aus all den Einzelteilen zusammensetzt. Sobald wir dies tun, sehen wir, daß die europäische Geschichte für das kollektiv konstruierte Narrativ von zentraler Bedeutung ist. Die Studien über Geld, über den Begriff der christlichen Sünde, über den einen oder anderen Ort – sie alle können nur unter gemeinsamer Bezugnahme auf eine relevante europäische Kategorie miteinander verbunden werden. Sie können nicht in einem allgemeineren afrikanischen Narrativ untergebracht werden. Was afrikanisch ist, erscheint unweigerlich in lokaler und fragmentarischer Form.

Im Gegensatz dazu basiert die Welt der Kolonisatoren auf einer längeren und kohärenteren Geschichte des Geldes, der vielfältigen Ausprägungen des Christentums oder der Zeit (der Messung der Zeit und ihrer Verwendung in der industriellen Produktion). Wie geteilt diese europäische Welt auch sein mag, wie sehr sie auch durch innere Widersprüche geprägt ist, so nimmt man doch an, daß ihre Elemente unter Historikern gut bekannt sind, so daß eine jegliche Handlung, ein jeglicher Text, ein jeglicher Ausschnitt gesprochener Sprache in einen größeren Zusammenhang eingeordnet werden kann. Die Geschichte des lokalen Verständnisses von Geld unterscheidet sich von einem Ort zum anderen, und das Durcheinander lokaler Vorstellungen ist nicht sehr kohärent. Aber der Leser kann Geld in den Zusammenhang einer langen Geschichte westlicher Handelskultur stellen, die von den Märkten des Mittelalters bis zur Erfindung der doppelten Buchführung und weiter reicht. Auf der anderen Seite des Grabens jedoch – wenn Kulturhistoriker des Kolonialismus sich in die Welt der Kolonisierten begeben – erweckt das Afrikanische den Eindruck, so sehr durch die Erfahrung des Kolonialismus geprägt zu sein, daß es schwierig ist, es in der gleichen Art und Weise einzuordnen. Afrikanische Gesellschaften scheinen so sehr von kolonialen Austauschprozessen durchdrungen, daß das Sichtbare immer hybrid ist. Koloniale Machtstrukturen erscheinen so zerstörerisch, daß das Übriggebliebene immer fragmentarisch und partiell ist. In ihrem Extrem zeigt sich diese Position in der Rezeption von Gayatri Spivaks Arbeiten über Südasien, die sie so versteht, daß (in Spivaks eigenen Worten) „das Subalterne nicht sprechen kann".[14]

Ich verweise auf diese Paradoxien und Rätsel nicht deshalb, weil ich eine einfache und elegante Antwort parat hätte, gleichsam eine Zauberkugel gegen die schreckliche Krankheit, sondern weil ich der Meinung bin, daß dies Probleme sind, andeuten, die hoffen lassen, daß wir unsere Disziplin weiterverfolgen können, ohne daß wir uns weiter und weiter in einem Labyrinth mit fernem und versperrtem Ausgang verirren.

Vielleicht besteht das größte Problem nicht in der Ungleichheit zwischen dem Afrikanischen (und damit Lokalen) und dem Europäischen (und damit Allgemeingültigen). Vielleicht ist die Idee einer lokalen Welt – als homogene Welt dazu verdammt, sich in einem Gewirr kultureller Hybriditäten aufzulösen – selbst unhaltbar. Das Lokale ist überall in Afrika unendlich vielfältig und heterogen. Es existiert vor allem in unterschiedlichen geographischen Rahmen -- in mehrfachen räumlichen Rahmen. Sara Berry zeigte vor einigen Jahren, daß die Kakao anbauende Familie eines alten Yoruba-Mannes es nur dadurch zu etwas bringen konnte, daß einige der Kinder Landwirtschaft betrieben und andere in der Hauptstadt Nigerias das Feld der Politik beackerten. Das Lokale umfaßte in diesem Fall zugleich das Bauerndorf und die nationale Hauptstadt. Ich selbst lebte während einer Forschungsreise in einem kleinen tansanischen Dorf mit 700 Einwohnern; es hätte lokaler nicht sein können. Einige der Dorfbewohner arbeiteten hunderte von Kilometern entfernt im Westen, andere hunderte von Kilometern entfernt im Süden. Es gab Lutheraner im Dorf, deren Religionsgemeinschaft bis nach Minnesota in den Vereinigten Staaten, nach Schweden und in die Bundesrepublik Deutschland reichte. Das Lutheraner-Sein bildete damit *einen* räumlichen Rahmen. Im gleichen Dorf fanden sich Mitglieder einer Muslim-Brüderschaft, die in einer religiösen Welt lebten, die sich bis zum Persischen Golf erstreckte. Dies war wieder ein anderer räumlicher Rahmen. Dazu gab es Regierungsbeamte, deren Macht auf Verbindungen zur Distrikt- und Regionalhauptstadt und nach Dar es Salaam beruhte.[15] Auf seltsam widersprüchliche Weise löst sich das Lokale auf, wenn man annimmt, es sei homogen und begrenzt. Weiß man um die Existenz des Lokalen in all diesen unterschiedlichen räumlichen Rahmen, so erscheint das Globale nicht mehr als übermäßig mächtig, und das Lokale unterscheidet sich zugleich nicht mehr so sehr von dem, was Europäer unter den Lokalitäten, in denen sie selbst leben, verstehen.

Die Heterogenität des Lokalen findet sich auch in allen wichtigen Bereichen des Wissens. Wollen wir ernsthaft eine lokale Soziologie des Wissens erstellen, so müssen wir es in all seinen unterschiedlichen Formen erkunden. Tun wir dies nicht, so zeichnen wir ein Bild von einem Europa mit unzähligen Spezialisten des Wissens – Ingenieure, Ärzte, Historiker, Philosophen und Bauern – und im Gegensatz dazu ein Bild von afrikanischer Lokalität, in der alle das Gleiche wissen und denken. Nehmen wir das scheinbar einfache Beispiel der Landwirtschaft. Lokale Umweltbedingungen können sich innerhalb relativ kurzer Distanzen stark unterscheiden, und lokale Bauern kennen die ihrigen normalerweise sehr genau: Dieser Ort etwa ist sumpfig und naß und erhält Regen vom Meer; jener befindet sich in erst kürzlich gefälltem Primärwald; an einem dritten bietet der Boden wenig Nährstoffe. Jeder Fleck Land hat seinen eigenen Spezialisten, und der Bauer, der aus allem den besten Nutzen ziehen will, muß einen Prozeß des sozialen Verhandelns und Nachforschens durchlaufen. Die besten europäischen Wissenschaftler der Kolonialzeit wie Swynnerton und John Ford wußten dies und nahmen selbst an diesem Prozeß teil.[16]

durchlaufen. Die besten europäischen Wissenschaftler der Kolonialzeit wie Swynnerton und John Ford wußten dies und nahmen selbst an diesem Prozeß teil.[16]

Schließlich gibt es noch die verschiedenen Formen des Wissens über Kräuter und Rituale für lokale Geister, das Wissen des Pastors über die Bibel und Theologie, das des Schmiedes, der über das Know-how für den Bau eines Schmelzofens verfügt, und das des Kraftfahrers, der einen kaputten Vergaser reparieren kann. Es gibt das spezielle Wissen einer Familie über ihre Geschichte und den Hintergrund ihrer Familienangelegenheiten und vieles mehr. Wenn wir diese verschiedenen Formen lokalen Wissens ernsthaft erkunden, wird es aufgrund seiner Heterogenität paradoxerweise unmöglich, das Lokale aus dem Blick zu verlieren, und es wird schwieriger, ihm einen falschen Platz in der breiter angelegten Geschichte zuzuweisen.[17]

Die Suche nach Heterogenität verbessert unser Verständnis des Lokalen, weil sie zeigt, wie widerstandsfähig und unbegrenzt das Lokale ist und wie gut es unterschiedlichste Einflüsse in sich aufnehmen kann. Sie vergrößert unser Verständnis des Lokalen, weil wir wissen, daß Menschen mit all diesen unterschiedlichen Fähigkeiten, diesem unterschiedlichen Wissen und Verständnis von Religion, Geschichte und Natur, mit all diesen unterschiedlichen räumlichen Orientierungen letzten Endes jeden Tag miteinander sprechen müssen. Sie müssen sich gegenseitig anhören und verstehen. Und das bedeutet, daß es eine Art von verbindendem *genius loci* gibt – etwas Gemeinsames, das all diese verschiedenen Dinge verbindet. Weil diese über all die Unterschiede hinweg geteilt werden können, sind sie widerstandsfähig. Wenn sie ein weiteres Stück Wissen – sei es eine neue Auffassung von Sünde oder auch ein Konsumgut wie eine neue Art von Seife – in sich aufnehmen, verschwinden sie nicht.

Die Heterogenität des lokalen Wissens, die Tatsache, daß jede dieser Formen des Wissens in ihrem eigenen räumlichen Rahmen existiert, ermöglicht historische Erklärungen, die allgemein gehalten, jedoch dem afrikanischen Kontinent nicht fremd sind und deren starker Erklärungsgehalt nicht so sehr auf europäischen Makronarrativen beruht. Die üblichste Form der Erklärung in den Geistes- und Sozialwissenschaften ist nicht kausal. Sie besteht vielmehr darin, das Spezifische im allgemeinen Kontext zu plazieren. Meist ist es diese Suche nach dem Kontext, die wir Erklärung nennen, und indem wir Erklärungen konstruieren und Kontext definieren, greifen wir stark auf zentrale Makronarrative zurück. Die Narrative, die wir als Akademiker (ob Europäer, Amerikaner oder Afrikaner) am besten kennen und zu denen wir am leichtesten Zugang finden, sind diejenigen mit europäischer Herkunft. Eines davon ist die Geschichte des Kapitalismus, der Verbreitung von Waren und bestimmter Formen von Kontrolle über die Arbeitskraft. Ein zweites ist das Narrativ vom Wachstum des wissenschaftlichen Wissens, das in Europa geschaffen wird und sich über seine Grenzen hinaus in alle Welt ausbreitet. Ein drittes betrifft die Verbreitung der Weltreligionen. Subtilere Narrative über das sich verändernde Verständnis von Rationalität und vom Selbst sind in alle drei – die Geschichte des Kapitalismus, der Wissenschaft und der Weltreligionen – eingebettet. Alle drei hängen davon ab, daß zwischen Moderne und dem, was ihr vorausging, unterschieden wird. Diese Narrative wurden durch die geistige Arbeit von Generationen sorgfältig ausgearbeitet. Sie stehen uns allen zur Verfügung, wenn wir unser Verständnis des Lokalen in Afrika zu erklären versuchen. Rein logisch kann es afrikanische Makronarrative geben, und es sollte sie geben. Aber bis sie es tun, werden Erklärungen darin bestehen, das Afrikanische vor dem Hintergrund der Erfahrungen von Europa zu sehen.

Anfänge sind gemacht worden. Vansinas Buch *Paths in the Rainforests* ist ein Versuch, ein alternatives Makronarrativ für der äquatorialen Regenwald zu schreiben. Ein in dieser Hinsicht reichhaltiges Buch von David Schoenbrun heißt *A Green Place, A Good Place*. Es ist eine allgemeine Geschichte der Region der Großen Seen in Ost-Afrika, geschrieben auf der Grundlage von historischer Linguistik, Archäologie und vergleichender Ethnographie. Es liegen uns auch einige vorläufige Versuche einer regionalen historischen Archäologie vor, zum Beispiel *The Changing Past: Farmers, Kings and Traders in Southern Africa, 200-1860* von Martin Hall, ebenso die vielen Artikel von Roderick McIntosh und Susan Keech McIntosh über das Niger-Tal, außerdem *Vallées du Niger*, herausgegeben von J. Devisse.[18] Aber bis sich Regionalstudien in großem Umfang entwickelt haben und Historiker wie Ethnographen, die sich mit dem Afrika des 20. Jahrhunderts beschäftigen, sich so gut in Regionalgeschichte eingearbeitet haben wie in die Geschichte des Kapitalismus, werden Erklärungen in Afrikastudien vorwiegend darin bestehen, das Lokale und Afrikanische in den allgemeinen und europäischen Kontext zu stellen.

Eine regionale Geschichtsschreibung – eine wirkliche Rekonstruktion dessen, was in der Vergangenheit geschah – ist selbst noch nicht genug. Geschichtsschreibung, die nur aus einem Ablauf zufälliger Ereignissen besteht, regt weder die Vorstellungskraft an noch ist sie eingängig. Eine Geschichte Europas, die nur aus einer Auflistung von Königen bestünde, würde unserem Bedürfnis, Zusammenhänge herzustellen, nicht genügen. Damit wir als Leser gepackt werden, brauchen wir ein Verständnis dessen, was Waren sind, und ihrer Macht, der Herausbildung einer Öffentlichkeit oder der Prozesse, durch die das Leiden Christi lokale Subjektivität berührt. Nur durch die gut durchdachte Arbeit von Generationen können Akademiker afrikanische Makronarrative schaffen, die der Geschichte der Interaktion – der Geschichte der kulturellen Zirkulation und des Wandels – ihre eigene Prägung geben. Nur dann werden wir von Afrika als einer Quelle lokaler Facetten, die europäische Geschichtsschreibungen mit Leben erfüllen, wegkommen. Die Arbeiten, die es momentan über längere Zeiträume umfassende afrikanische Geschichte gibt, dürfen aufgrund ihrer Beschaffenheit nur als Anfang gesehen werden. Bei jedem dieser Makronarrative müssen wir fragen, wie der Autor die zugrunde liegenden Gesetzmäßigkeiten definiert. Vansina z.B. rückt in seiner Geschichtsschreibung den *big man* in den Mittelpunkt. Diese Thematik entwickelte sich in den sechziger Jahren aus der Gegenüberstellung von Studien der politischen Anthropologie von Papua Neu-Guinea und Afrika. Schoenbrun untersucht die Entstehung neuer Formen von Heiler-Autoritäten und gibt uns darüber hinaus einen Bericht davon, wie sich im Gebiet der Großen Seen die Mittel zur Nutzung natürlicher Ressourcen durch die Menschen grundlegend veränderten.

Andere Themen der langfristig orientierten Regionalgeschichte haben ihre intellektuelle Agenda am einen oder anderen Ort überall auf dem Kontinent gefunden. Eine ganze Gruppe von Wissenschaftlern arbeitet zu der Region, die Zambia, Zimbabwe und Kongo umfaßt. Sie haben die sich verändernden Dimensionen und Dynamiken territorialer Kulte und die Beziehung dieser Kulte zur nationalen Geschichte untersucht.[19] Es gibt ausgedehnte Untersuchungen zu Kasten und Kreativität im westlichen Sudan. Spezialisten der Yoruba-Geschichte und -Gesellschaft waren fasziniert von der Weise, in der Führungspositionen und ausgefallene Vorstellungen von dem, was „eine Person sein" ausmacht, durch Interaktion zwischen Patronen und Klienten entstehen.[20] Wie wir gesehen haben, erstellen Wissenschaftler an verschiedenen Orten des Kontinents regional verankerte Analysen über die sich verändernde Bedeutung des Wertes in Austauschbeziehungen, im Verhältnis zu Waren und zu Geld. Selbst kleinste Bestandteile im größeren Gewebe von Kultur, Gesellschaft und Wirtschaft können wichtig sein, wenn es darum geht, regionale Prozesse auszumachen. Die Studie von *citimene* in Zambia oder von den verschiedenen *n'kisi* im äquatorialen, atlantiknahen Afrika sind wichtig, weil sie den regionalen Kontext für weitergehende Geschichten des sozialen und wirtschaftlichen Wandels bieten.

Zweifellos ist meine Betonung der katalytischen Wirkung regionaler Narrative optimistisch, denn es gibt ein grundlegendes Problem, das akademische Überlegungen immer wieder auf sich selbst zurückwirft. Es besteht darin, daß wir es letzten Endes alle außerordentlich schwierig finden, Narrative darüber zu vermeiden, was modern ist, inwiefern die Moderne sich von dem, was in der Vergangenheit in Afrika existierte, unterscheidet und wie es zu der Veränderung kam. Es scheint für heutige Intellektuelle ebenso schwierig zu sein, den Narrativen der Moderne zu entgehen, wie für Europäer des Mittelalters zu schreiben, ohne Gott zu erwähnen.

Am meisten Hoffnung besteht letzten Endes aufgrund der Tatsache, daß auf regionaler Ebene Fortschritte gemacht wurden, was das Problem des Publikums betrifft, und wir können hoffen, daß es weiter vorangeht. Mit dem Problem des Publikums meine ich die Tatsache, daß Wissenschaftler, die das Lokale in Afrika studieren, meist davon ausgehen, für eine Leserschaft in Europa oder den Vereinigten Staaten zu schreiben. Die Notwendigkeit, sich diesem speziellen Publikum verständlich machen zu müssen, übt einen ungeheuren Druck auf sie aus, Metaphern, Bilder, Redewendungen zu verwenden und vor allem unter Rückgriff auf die Erfahrungen des Nordens den Kontext zu erklären. Wie wichtig geistige Arbeit, die sich Makronarrativen widmet, auch sein mag, sie wird dennoch nie von selbst das Ungleichgewicht zwischen einem Europa, das anwesend ist, und einem abwesenden Afrika ausgleichen. Nur ein Wandel in der Beschaffenheit des Publikums kann dies bewerkstelligen, und die Möglichkeit dazu bietet sich auf der lokalen Ebene.

In einigen Regionen arbeiten afrikanische und auswärtige Wissenschaftler schon so lange und in so großer Zahl, daß es möglich wird, Geschichte unter Verwendung *regionaler* Metaphern und auf Basis eines *regionalen* Verständnisses von Problemen zu schreiben und zugleich davon auszugehen, damit tatsächlich eine Leserschaft anzusprechen. Das ist sicherlich in Südwest-Nigeria der Fall, wo es zwischen einigen Wissenschaftlern zu lebhaften Diskussionen über die Bedeutung zentraler Konzepte im Denken der Yoruba oder über die Relevanz und den Einfluß der Kriege des 19. Jahrhunderts kam.[21] In diesem Fall vergrößert sich das Publikum durch diejenigen, die sich mit der Kultur der Yoruba jenseits des Atlantik, sei es in Bahia biet der Großen Seen eine ähnliche Rolle spielt. Spekulative Schriften über Gesellschaft, Kultur und Geschichte erschienen seit der Jahrhundertwende in Gestalt der Werke von Apolo Kaggwa und anderen. Während der Kolonialzeit und bis in die fünfziger Jahre hinein besaß die Region, die Rwanda, Burundi und das südliche Uganda umfaßt, eine reiche Tradition lokaler Wissenschaft. Die Jahre Idi Amins und die Tragödien von Genozid und AIDS haben verhindert, daß diese Gruppe von Autoren und Lesern voll zur Geltung kam, aber wir können auf bessere Zeiten warten. Der westliche Sudan und die Mande-Studien sind weitere Beispiele für Orte, an denen Ansätze für eine regionale Wissenschaftstradition zu finden sind. Was die Entstehung von Regionalgeschichte und eines regionalen Publikums betrifft, so war die südafrikanische Wissenschaft durch eine Paradoxie gekennzeichnet. Die Dichte geschichtlicher und kultureller Schriften war mehr als ausreichend. Auch die Qualität der historischen Wissenschaft und der Art, wie geschichtliche Quellen ausgewertet wurden, war sehr hoch. Aber unter den Bedingungen der Apartheid konnte diese Geschichtswissenschaft schwerlich regional verankert werden.

Afrikanischen Wissenschaftlern gelang es nicht, sich weiterzubilden und Anerkennung zu finden, und weiße Wissenschaftler, die zugunsten des politischen Fortschritts der Afrikaner oft zu erheblichen Opfern bereit waren, konnten nicht in andere afrikanische Länder reisen oder sich mit afrikanischen Kollegen aus den nördlicher gelegenen Regionen austauschen. Mehr als anderswo wurde hier der Kontext, in dem das Lokale zu verstehen war, als europäisch, nord- oder auch lateinamerikanisch definiert. Die Herrschaft der Mehrheit wird all dies allmählich ändern. Es wird spannend werden zu beobachten, wie sich Wissenschaft in dieser Region verändert, wenn sie lokal verankert wird.

Das Argument an dieser Stelle soll nicht schlicht sein, daß es gut ist, eine beträchtliche Anzahl von Tanzaniern zu haben, die Tanzanias Geschichte schreiben, oder Ugander, die ugandische Geschichte schreiben, usw., obwohl dies natürlich in der Tat gut ist. Das Argument zielt darauf ab, daß die Entstehung eines regionalen Publikums es jedem einzelnen Wissenschaftler (sei er Afrikaner oder Europäer) ermöglicht, von einer Denkweise loszukommen, in der die Opposition von lokal und global als zentrale Metapher fungiert. Stellen wir uns doch nur einmal eine Welt vor, in der es in der ausgedehnten Gemeinde von Historikern nur einen einzigen Yoruba-Historiker gibt. Dieser hat keine andere Wahl, als seinem Publikum halbwegs entgegenzukommen, die Yoruba-Religion in Beziehung zu einer angeblich universell gültigen Kategorie von Religion zu erklären und die Yoruba-Politik auf vergleichende und universale Definitionen von Politik zu beziehen. Der einzige Historiker einer spezifischen Sprache und Kultur sein zu wollen, ist wie zu versuchen, einhändig zu klatschen. Man hat keine andere Wahl als die zweite Hand in der globalen Sprache zu suchen, weil die lokale oder regionale Sprache allen anderen, die sich im gleichen Diskurs befinden, fremd ist.

Wenn es jedoch 500 Wissenschaftler gibt, die über die Geschichte, Gesellschaft und Kultur der Yoruba schreiben, dann wird es möglich, beispielsweise mit der veränderlichen Rolle der Babalawos oder den Unterschieden im Häuptlingstum zwischen Ife und Lagos, Ogbomoso und Oyo zu argumentieren. Die Existenz eines Publikums erlaubt es dem Wissenschaftler, von einer angeblich universalen, aber in

schen Ife und Lagos, Ogbomoso und Oyo zu argumentieren. Die Existenz eines Publikums erlaubt es dem Wissenschaftler, von einer angeblich universalen, aber in Wirklichkeit europäischen Definition des Globalen Abstand zu nehmen. Es dient auch dazu, eine Verbindung zwischen der Gegenwart und der Vergangenheit herzustellen und die Geschichte des zwanzigsten Jahrhunderts mit reichhaltigen Bezügen zu jener Welt vor Ankunft der Europäer zu schreiben.

Dies scheint mir die überzeugendste Antwort auf die Probleme des „Nicht-Vorhandenen", des „Weniger" und die Definition von Afrika mittels des Abwesenden zu sein. Vielleicht entstand die ursprüngliche Schwierigkeit, weil Wissenschaftler (von Pan-Afrikanisten inspiriert) dachten, daß Afrika als Ganzes mit einem einzigen Inhalt und einer einzigen Definition zu behandeln sei, obwohl der Kontinent so riesig und so unterschiedlich ist. Vielleicht erwuchs die Definition mittels des Abwesenden aus der kolonialen Erfahrung, aus dem, was V.Y. Mudimbe „die Erfindung Afrikas"[22] nannte. Aber der triftigste Grund für die Vertracktheit unserer Probleme mit der Sprache der Historiker war und ist die Produktion von Wissenschaft für ein Publikum, das aus der Distanz heraus auf zwei Ebenen denkt: auf der einen wird Afrika als eine Einheit gesehen, auf der anderen werden die eine oder andere Lokalität betrachtet. Unter diesen Bedingungen sind sich die Wissenschaftler darüber einig, was afrikanisch und was universal ist – in bezug auf diese Themen bilden sie eine wissenschaftliche Gemeinschaft. Aber wenn sie über das Lokale diskutieren, scheiden sich die Geister.

Seit einer Generation ist uns nun klar, daß Wissen sozial konstruiert ist. Wir sind immer raffinierter geworden, wenn es darum geht, die Vielschichtigkeit der kulturellen Produkte, die wir untersuchen, freizulegen. Aber gleichzeitig haben wir uns daran gewöhnt, die Trennung zwischen dem Lokalen und dem Globalen zu akzeptieren, ohne ihre soziale Konstruiertheit zu untersuchen. Als Gemeinschaft von Wissenschaftlern haben wir über die Geschichte des individualisierten Selbst geschrieben und haben dennoch weiterhin geglaubt, die Lösung für das Problem des Lokalen käme von einem einzelnen, individualisierten Wissenschaftler – von den theoretischen Überlegungen oder der Forschung einer Person.

Ich setze meine große Hoffnung, die Probleme, die der afrikanischen Geschichtsschreibung anhaften, zu lösen, nicht auf irgendeinen einzelnen Wissenschaftler, sondern auf die sich verändernde Zusammensetzung von wissenschaftlichen Gemeinschaften. Wir sind daran gewöhnt, den wissenschaftlichen Fortschritt von Wissenschaftlern zu erwarten, die schreiben. Aber ich zähle vielmehr auf die tiefgreifende Wirkung von Wissenschaftlern als Leser und als Publikum. Ein breiteres Publikum, das mit einer Region verwurzelt ist und mit unbewußten Annahmen über die kulturelle und institutionelle Verankerung geschichtlichen Handelns, wird auf alle schreibenden Wissenschaftler Druck ausüben. Aus der lebendigeren Interaktion zwischen lesenden und schreibenden Wissenschaftlern werden neue Narrative entstehen, die tief in der regionalen Vergangenheit verwurzelt sind.

Übersetzung: Julia Ziegler/Axel Harneit-Sievers

Anmerkungen

1. Eric R. Wolf, Europe and the People Without History, Berkeley, Los Angeles, London 1982.
2. J. F. Ade Ajayi, Christian Missions in Nigeria, 1841-1891: The Making of a New Elite, Burnt Mill, Harlow, Essex 1965; K. Onwuka Dike, Trade and Politics in the Niger Delta, 1830-1865, Oxford 1956; Andrew Roberts, A History of the Bemba, Madison, Wisc. 1973; B. A. Ogot, History of the Southern Luo. Bd.1, Nairobi 1967; Godfrey Muriuki, A History of the Kikuyu, 1500-1900, Nairobi 1974; Egieberi J. Alagoa, The Small Brave City-State: A History of Nembe Brass in the Niger Delta, Ibadan 1964.
3. Dexter Perkins/John Snel, The Education of Historians in the United States, New York 1962, S. 32; Philip D. Curtin, African History. In: Michael Kammen (Hg.), The Past Before Us: Contemporary Historical Writing in the United States, Ithaca, London 1980, S. 113-30.
4. David Schoenbrun, A Green Place, A Good Place. Agrarian Change, Gender, and Social Identity in the Great Lakes Region to the 15th Century, London 1998; J.M. Schoffeleers, Guardians of the Land: Essays on Central African Territorial Cults, Gwelo 1979; Gloria Waite, A History of Traditional Medicine and Health Care in Pre-Colonial East-Central Africa, Lewiston c.1992; J.M. Schoffeleers, River of Blood: The Genesis of Martyr Cult in Southern Malawi, c. A.D. 1600, Madison, Wisc. 1992; John M. Janzen, Lemba, 1650-1930: A Drum of Affliction in Africa and the New World, New York, London 1982; Steven Feierman, Struggles for Control: The Social Roots of Health and Healing in Modern Africa. In: African Studies Review 28 (1985), S. 73-147.
5. Steven Feierman, Colonizers, Scholars, and the Creation of Invisible Histories. In: Victoria E. Bonell/Lynn Hunt (Hg.), Beyond the Cultural Turn. New Directions in the Study of Society and Culture, Berkeley 1999, S. 182-216.
6. Timothy C. Weiskel, French Colonial Rule and the Baule Peoples: Resistance and Collaboration 1889-1911, Oxford 1980; John Iliffe, A Modern History of Tanganyika, Cambridge 1979, S. 29-30; Gilbert Gwassa, Kinjikitile and the Ideology of Maji Maji. In: T.O. Ranger/ I. Kimambo (Hg.), The Historical Study of African Religion, London 1972, S. 202-217; Marcia Wright, Maji Maji: Prophecy & Historiography. In: David M. Anderson/Douglas H. Johnson (Hg.), Revealing Prophets, London 1995, S. 124-141; John Iliffe, The Organisation of the Maji Maji Rebellion. In: Journal of African History 8 (1967) 3, S. 485-512; Thaddeus Sunseri, Famine and Wild Pigs: Gender Struggles and the Outbreak of the Majimaji War in Uzaramo (Tanzania). In: Journal of African History 38 (1997), S. 235-259.
7. Holger Bernt Hansen, The Colonial Control of Spirit Cults in Uganda. In: Anderson/Johnson (Hg.), Revealing Prophets, a.a.O., S. 143-163. Weitere Referenzen zu den Nyabingi finden sich bei Feierman, Colonizers, a.a.O.
8. Bartolomé Bennassar/Pierre Chaunu, L'ouverture du monde, xive-xvie siècles. Bd.1 der „Histoire économique et social du monde", Paris 1987, S. 85-87. Für die neo-marxistische Geschichtsschreibung Eric Wolfs vgl. sein Europe and the People without History, 1982; für William Mc Neills neo-diffusionistische Geschichte vgl. The Rise of the West: A History of the Human Community, Chicago 1963.
9. Janzen, Lemba, a.a.O.
10. Jaques Revel, Introduction. In: Jacques Revel/Lynn Hunt (Hg.), Histories: French Constructions of the Past (Übersetzung Arthur Goldhammer et al.), New York 1995, S. 46.
11. Sharon E. Hutchinson, Nuer Dilemmas: Coping with Money, War, and the State, Berkeley 1996. Zur Beziehung zwischen Kapitalismus und lokalen Bedeutungen des Werts vgl. Arjun Appadurai (Hg.), The Social Life of Things: Commodities in Cultural Perspective, Cambridge 1986; Jane Guyer (Hg.), Money Matters: Instability, Values and Social Payments in the Modern History of West African Communities, Portsmouth, N.H., London 1995.
12. Jean und John Comaroff, Ethnography and the Historical Imagination, Boulder, Col. 1992, S. 36.
13. Timothy Burke, Lifebuoy Men, Lux Women: Commodification, Consumption, and Cleanliness in Modern Zimbabwe, Durham, London 1996; Nancy Hunt, Colonial Fairy Tales and the Knife and Fork Doctrine in the Heart of Africa. In: K.T. Hansen (Hg.), African Encounters

with Domesticity, New Brunswick 1992; Jean und John Comaroff, Of Revelation and Revolution: Christianity, Colonialism, and Consciousness in South Africa. Bd. 1, Chicago 1991.

14 Gayatri Chkravorty Spivak, Can the Subaltern Speak? In: Patrick Williams/Laura Chrisman (Hg.), Colonial Discourse and Post-Colonial Theory: A Reader, New York 1994, S. 66-111.

15 Sara Berry, Fathers Work for their Sons: Accumulation, Mobility, and Class Formation in an Extended Yoruba Community, Berkeley 1985. Zur allgemeinen Diskussion des Problems der Auflösung des räumlichen kohärenten ethnographischen Objekts siehe Steven Feierman, Peasant Intellectuals: Anthropology and History in Tanzania, Madison, Wisc. 1990, S. 34-39.

16 Henrietta Moore/Megan Vaughan, Cutting down Trees: Gender, Nutrition, and Agricultural Change in the Northern Province of Zambia, 1890-1990, Portsmouth, NH 1994; John Ford, The Role of the Trypanosomiases in African Ecology: A Study of the Tsetse Fly Problem, Oxford 1971.

17 Für die soziale Konstitution des Wissens vgl. Jane Guyer/Samuel M. Eno Belinga, Wealth in People as Wealth in Knowledge: Accumulation and Composition in Equatorial Africa. In: Journal of African History 36 (1995), S. 91-120.

18 Jan Vansina, Paths in the Rainforests, Madison, Wisc. 1990; Schoenbrunn, A Green Place, a.a.O.; J. Devisse (Hg.), Vallées du Niger, Paris 1993; Martin Hall, The Changing Past: Farmers, Kings and Traders in Southern Africa, 200-1860, Cape Town 1987.

19 Es gibt viele weitere Arbeiten, zum Beispiel Richard Werbner, Ritual Passage, Sacred Journey: The Process and Organization of Religious Movements, Washington D.C. 1989; Schoffeleers, Guardians a.a.O.; Ngwabi Bhebe, The Ndebele and Mwari before 1893. In: ebenda, S. 287-296; Terence Ranger, Voices from the Rocks. Nature, Culture and History in the Matopos Hills of Zimbabwe, Oxford 1999.

20 Sandra T. Barnes, Patrons and Power: Creating a Political Community in Metropolitan Lagos, Manchester 1986; Karin Barber, How Man Makes God in West Africa. In: Africa 51 (1981), S. 724-745.

21 Toyin Falola (Hg.) 1991. Yoruba Historiography, Madison, Wisc. 1991; O. Adeoye, Understanding the Crisis in Nigerian Historiography. In: History in Africa 19 (1992), S. 1-11; Philip Zachernuk, Of Origins and Colonial Order: Southern Nigerian Historians and the „Hamitic Hypotheses" c. 1870-1970. In: Journal of African History 35 (1994), S. 427-455.

22 V.Y. Mudimbe, The Invention of Africa: Gnosis, Philosophy, and the Order of Knowledge, Bloomington 1988.

Wissensproduktion und die Frage nach dem Ort der Weltgeschichte. Kommentare zu Steven Feierman[1]

Heike Schmidt

Steven Feierman fragt in seinem Beitrag in diesem Band nach dem Ort Afrikas in der Geschichtsschreibung. Die linguistische Wende, die das Ende der großen, zumindest der universalen Narrative postulierte, konfrontierte die Geschichtswissenschaft mit dem Vorwurf des Ethnozentrismus. Die bisher weit verbreitete Annahme, daß die europäische Moderne und der ihr zugehörige Begriffsapparat einen allgemeingültigen Rahmen für die wissenschaftliche Untersuchung der Vergangenheit bieten, gilt als zweifelhaft.[2] Feierman greift diesen Vorwurf, der bisher insbesondere die Historiographie außereuropäischer Regionen traf, auf und leitet daraus zwei Forderungen ab. Zum einen sei es unabdingbar, die Heterogenität des Lokalen anzuerkennen und ihr Rechnung zu tragen. Daraus folgt die These seines Beitrags, daß für das Schreiben von Geschichte in Afrika alternative Makronarrative sowie ein regionales Publikum notwendig seien, das diesen mit Verständnis begegnet. Dies reiche jedoch nicht aus, Ghettoisierung zu verhindern, da das Problem der Verbindung von Lokalem und Globalem noch gelöst werden müsse.[3]

Dieser Beitrag greift die Frage auf, wie Geschichte in Afrika geschrieben werden kann und wie sie sich in Bezug zur Weltgeschichte setzt. Dabei stellt sich auch die Frage nach dem Ort der Weltgeschichte, einer metropolitanen Geschichte, die für sich in Anspruch nimmt, ein wissenschaftliches Gesamtbild leisten zu können. Findet Weltgeschichte überhaupt in Afrika statt? Handelt es sich dabei nicht vielmehr um die Geschichte der europäischen Moderne? Faßt Weltgeschichte einen Korpus historischen Allgemeinwissens zusammen? Kann Weltgeschichte die Wechselwirkungen lokaler und globaler Verhältnisse aufzeigen? Einfach von der Hand weisen läßt sich das Konzept der Weltgeschichte angesichts des Bedarfs positiven Wissens und großer Zusammenhänge nicht – wenn nicht für die Wissenschaft selber, dann doch für die pädagogische Aufbereitung dieses Wissens, ob im schulischen oder universitären Rahmen.[4]

Im folgenden wird ergänzend zu Feiermans Kritik an der gegenwärtigen Weltgeschichtsschreibung und seinem Postulat der Geschichte in Afrika der Frage nach der Transparenz der Wissensproduktion nachgegangen. Die Aufgabe von Historikern, sich als „intellektuelle Arbeiter", also als Wissensproduzenten, zu positionieren, wird anhand des Genres der Lebensgeschichten (*life stories*) beleuchtet. Die Kritik, die an Lebensgeschichten geäußert wurde, wird dann aufgegriffen und auf Geschichte in Afrika angewendet. Dabei stehen methodische Fragen im Vordergrund, die anhand der Begriffe Macht, Zeit und Repräsentation ausgeführt werden. Schließlich werden die Ergebnisse zusammengefaßt. Zunächst jedoch werden Lebensgeschichten als Genre vorgestellt und die Kritik daran in wichtigen Punkten skizziert.

Lebensgeschichten

Lebensgeschichten sind eines der bedeutendsten Forschungsgebiete der jüngeren Historiographie Afrikas. Mitte der 1980er bis Mitte der 1990er Jahre hat es einen regelrechten Boom von derartigen Veröffentlichungen gegeben, insbesondere von Lebensgeschichten afrikanischer Frauen. Zwar handelt es sich um ein Genre, das zumindest in das 19. Jahrhundert zurückreicht, aber seine große Bedeutung fand es erst mit der Frauenforschung.[5] Historische Untersuchungen, ob als Beitrag zur Frauengeschichte oder der „Geschichte von unten" hatten ein gemeinsames Problem: den geringen Umfang schriftlicher Quellen. So waren beispielsweise afrikanische Frauen in europäischen Quellen zu Afrika in der Vergangenheit durchaus sichtbar (auf Fotografien), aber ihre Stimmen nicht vernehmbar.[6] Lebensgeschichten aufzuzeichnen bzw. auf jene zurückzugreifen, die von Missionaren aufgezeichnet wurden, bot somit eine einmalige Gelegenheit, die „Stummen" afrikanischer Vergangenheiten und Gegenwarten hörbar zu machen und somit Geschichte aus der Perspektive der „Unterdrückten und Marginalisierten" zu schreiben.[7]

Der Begriff „Lebensgeschichten" wird häufig undifferenziert gebraucht, um biographische oder autobiographische Narrative zu bezeichnen. Zu dieser Verwischung des Genres trägt auch bei, daß sich die wenigsten Autoren von Lebensgeschichten um eine Definition bemühen. Zudem können Lebensgeschichten mit unterschiedlichen Methoden, wie der mündlichen, erinnerten Geschichte (*oral history*) oder mit ethnologischen Methoden erstellt werden. Trotzdem läßt sich folgendes festhalten. Bei Lebensgeschichten handelt es sich um umfangreiche Aufzeichnungen des Lebens einer Person, die diese erinnert und jemand anderem erzählt. Derjenige, dem die Lebensgeschichte erzählt wird, zeichnet sie auf, ediert sie und verarbeitet sie in ein Narrativ des Lebens, als handele es sich um eine Autobiographie.[8] Lebensgeschichten sind also immer ein gemeinsames Projekt von zwei Individuen, das somit mehr als die Zielsetzung, Absicht und das Interesse von nur einer Person verkörpert.[9] Sie werden deshalb auch als „intimer Dialog" (*intimate dialogue*) bezeichnet.[10] Lebensgeschichten sind forschungsgenerierte Quellen. Hieraus resultiert, wie im weiteren gezeigt wird, eine Reihe quellenkritischer Probleme.

Worin besteht nun der Anknüpfungspunkt zwischen dem Genre der Lebensgeschichten und der Frage nach der Weltgeschichte? Zum einen können Lebensgeschichten als die radikalste Form von Lokalgeschichte bezeichnet werden, da es sich hierbei um die Geschichte lediglich eines Individuums handelt. In der Kritik an Lebensgeschichten wurde denn auch die Frage der Relevanz des Partikularen für größere historische Zusammenhänge gestellt.[11] Zum zweiten besteht ein Hauptkritikpunkt an Lebensgeschichten darin, daß trotz der äußerst persönlichen Perspektive eben doch gerade große Narrative erstellt werden. Die Bausteine des oder der Interviews zur Lebensgeschichte werden im editorischen Prozeß meist chronologisch, manchmal auch thematisch organisiert. So erzählt bereits die Anordnung des Materials selbst eine Geschichte, indem Gewichtungen verteilt und Zusammenhänge hergestellt werden. Dies wird im folgenden weiter ausgeführt. Die Kritik an Lebensgeschichten war so nachhaltig, daß sie als Genre der Afrikaforschung heute weitestgehend zugunsten von persönlichen Narrativen (*personal narratives*) und sozialen Biographien (*social biographies*) aufgegeben wurden. Letztere bemühen sich darum, nicht nur individuelle Erfahrungen, sondern Lebenswelten zu erschließen, und beschränken sich deshalb nicht auf Interviews mit einer einzigen Persönlichkeit.

Wissensproduktion: Macht, Zeit und Repräsentation

Macht

Es ist heute ein Gemeinplatz, daß Wissensproduktion Machtverhältnisse reflektiert und zu deren Aushandlungsprozeß beiträgt.[12] Allerdings ist es ein Anliegen der neueren Historiographie, diesen Zusammenhang genau aufzuzeigen, und zwar in bezug auf den Prozeß der Wissensproduktion einerseits und dessen Produkt, das Narrativ, andererseits.

Das Problem der Macht war zentraler Gegenstand der Debatte, die von Kirk Hoppe und Heidi Gengenbach Anfang der 1990er Jahre geführt wurde.[13] Diese soll hier nur kurz skizziert werden. Hoppe argumentierte 1993 in einem Aufsatz, daß das Genre der Lebensgeschichten ideologische und methodologische Probleme aufwerfe, da in der Regel die Verhältnisse der Wissensproduktion unbenannt blieben. So müsse zwischen den vier Phasen des Erstellens einer Lebensgeschichte genau unterschieden werden: der Auswahl des Informanten, die nie zufällig geschehe; dem Erzählen selbst, das wiederum durch die Lebensumstände des Erzählenden und sein oder ihr Verhältnis zum Aufzeichnenden geprägt sei; das Schreiben des Narrativs, das – oft ohne Rücksprache mit dem Erzählenden zu halten – nicht nur editiere, sondern häufig durch den Anschein der Authentizität auch wissenschaftliche Autorität herstelle; und schließlich dem Lesen, das im Fall von Lebensgeschichten in der Regel nicht in der Lebenswelt des Erzählenden folgt, so daß das Lesen Teil der Konstruktion des Anderen sei. Hoppe konstatiert, daß alle vier Aspekte in Machtverhältnisse eingebettet sind, die häufig zugunsten des Aufzeichnenden gelagert sind.[14] Nun läßt sich diese Grundkonstellation nicht auflösen, aber zumindest kann selbstkritisch mit dieser Tatsache umgegangen werden. Hoppe zieht daraus die Konsequenz, daß der Prozeß der Wissensproduktion transparent gemacht werden muß. Die vier Aspekte der Produktion und Konsumtion einer Lebensgeschichte und insbesondere die Tatsache, daß jede Lebensgeschichte mindestens zwei Autoren hat, den Erzählenden und den Aufschreibenden, sollten im Narrativ selbst reflektiert und entsprechend gekennzeichnet werden.[15]

Wichtig an dieser Debatte ist in diesem Zusammenhang, daß sie die Rolle des Autoren und die Form des Narrativs als zentrale Foci der Machtfrage identifiziert.[16] Beide können jedoch nicht gänzlich aufgegeben werden, da sonst Wissensübermittlung bzw. -darstellung selbst in Frage gestellt werden. Dieses Dilemma läßt sich nicht auflösen, sondern nur durch Transparenz für den Leser nachvollziehbar machen. Dies sollte für jeden Autoren gelten, auch wenn er oder sie aus der untersuchten Gesellschaft selbst stammt, da die Rolle des Forschers im Prozeß der Wissensproduktion sowie das daraus resultierende Narrativ immer Autorität gegenüber dem Publikum herstellen (sollen).[17] Letztendlich können historische Untersuchungen nur eine Interpretation der Vergangenheit sein, die von Vorannahmen aus der Gegenwart ausgeht.[18] So untersuchen Historiker immer das Andere, ob nun eine bäuerliche Gesellschaft in Afrika oder das ländliche Brandenburg im 19. Jahrhundert Untersuchungsgegenstand ist.

Das Narrativ erzeugt Autorität allein schon durch die Art der Präsentation, so beispielsweise durch Buchform, wissenschaftlichen Sprachgebrauch und die Anordnung der Argumente. So ist denn auch ein wichtiger Kritikpunkt an Lebensgeschichten, daß sie eine bourgeoise Konstruktion seien, da der Lebenslauf eines Individuums idealtypisch dargestellt wird.[19] Allein die Entscheidung, ein Leben chronologisch darzustellen, interpretiert dieses schon und setzt kulturelle Wertungen voraus, die vom Autor im Prozeß des Editierens gesetzt werden und eventuell eher seinen Vorstellungen bzw. den Anforderungen der Leserschaft als denen der untersuchten Gesellschaft entsprechen. Wie kann einer solche kulturellen Einengung bzw. Verzerrung entgegengewirkt werden, insbesondere, da der Abgesang großer Narrative und universaler Kategorien unter Historikern und Ethnologen heiß umstritten ist?[20] Hinzu kommt, daß sich historische Darstellungen an ein Publikum richten und somit Lesbarkeit und Verständlichkeit wichtig sind. Dieses Problem zeigt sich beispielsweise an historischen Handbüchern, die häufig wissenschaftlich hervorragend, aber für viele Studierende kaum nachvollziehbar sind.[21] John Iliffes neue Geschichte Afrikas ist vor allem deshalb so erfolgreich, weil sie einen kurzen zusammenhängenden Überblick bietet und essayistisch geschrieben ist. So ordnet sich bei ihm Afrika als durch demographische Fragen geprägter Kontinent in die Weltgeschichte eindeutig ein.[22] Trotzdem stellt sich die Frage, ob es nicht doch Alternativen zum herkömmlichen Narrativ gibt.

Eine Antwort, die wiederum im Bereich der Lebensgeschichten in den letzten Jahren gefunden wurde, kann an einem Buch der Ethnologin Pat Caplan exemplifiziert werden, das 1997 erschienen ist.[23] Caplans Aufzeichnungen des persönlichen Narrativs eines Mannes von der Insel Lamu in Kenia beschreiten einen neuen Weg. Sie bemüht sich nicht nur darum, editorische Schnittstellen sichtbar zu machen, sondern vor allem auch, die Vielstimmigkeit dieses einen Lebens durch das Aufblättern verschiedener Perspektiven herzustellen. So ist ihr Buch ein Pastiche von wörtlich transkribierten Interviews, ihren eigenen Tagebuchaufzeichnungen, den Aufzeichnungen des Erzählenden sowie ihrer Korrespondenz mit ihm, versetzt mit interpretativen Passagen.

Historikern erlaubt die Quellenlage allerdings häufig nicht, eine derartige Vielfalt von Quellen heranzuziehen, um Vielstimmigkeit erreichen zu können. Zumindest kann auch hier der Forderung nach Transparenz Rechnung getragen werden. Der Autor sollte deutlich machen, daß das von ihm produzierte Narrativ immer nur eine Frage an die Vergangenheit sein kann, daß es nicht darum gehen kann, vergangene Realitäten in ihrer Gesamtheit zu rekonstruieren.[24] Peter Burke geht noch einen Schritt weiter, indem er in Anlehnung an die „dichte Beschreibung", ein Konzept des Ethnologen Clifford Geertz,[25] ein sich verdichtendes Narrativ (*thickening narrative*) als richtungsweisend vorschlägt. Er benennt dafür als Möglichkeiten neuer Erzählformen das Mikro-Narrativ sowie der Filmsprache entlehnte Formen des Rückwärtserzählens und des Perspektivenwechsels.[26] Wenn dem Problem der

Macht durch Transparenz und durch vielstimmige Narrative teilweise Rechnung getragen werden kann, dann ergeben sich daraus methodologische und epistemologische Konsequenzen, die mit dem Stichwort „Zeit" zusammengefaßt werden können.

Zeit

Die Frage der Zeit thematisiert die temporale Positionierung des Beobachtenden wie auch des Beobachteten. Zunächst zur „Zeit" des Beobachters. In der Ethnologie wurde die Methode der Feldforschung, des langanhaltenden Aufenthalts am Ort des Forschungsinteresses, entwickelt und gilt seit den 1920er Jahren als fester Bestandteil ethnologischer Forschungspraxis. Wenn auch Inhalte und die Dauer der Feldforschung umstritten sein mögen bzw. sich mit der Zeit gewandelt haben, so gilt bis heute, daß nur der Aufenthalt vor Ort es ermöglicht, durch die unvermittelte Analyse der emischen Sicht wissenschaftliche Autorität herzustellen. Gleichzeitig stellt sich somit das Problem der notwendig kleinräumigen Forschung.[27] Die methodologischen Anforderungen an die Geschichte in Afrika stellen sich anders dar.

Die Forschungspraxis der Geschichte Afrikas läßt sich in verschiedene Phasen gliedern sowie nach Forschungszentren differenzieren. Die erste Generation von wissenschaftlichen Afrikahistorikern lehrte an Universitäten in Afrika oder bereiste den Kontinent extensiv. In Abgrenzung zu den Imperialhistorikern, die Geschichte von London oder Paris aus schrieben, galt es als besonders wichtig, sich mit den Verhältnissen vor Ort vertraut zu machen. Neben diesem politischen Anliegen bestand das Hauptproblem der in den 1950er Jahren beginnenden akademischen Institutionalisierung der Disziplin darin, überhaupt erst Grundlagenforschung zu betreiben und vor allem die dafür nötigen Quellen zu finden.[28] Diese Selbstverständlichkeit von Feldforschung, in welcher Form und Dauer auch immer, setzte sich mit der Etablierung der Disziplin Afrikanische Geschichte an Universitäten nicht bruchlos fort. Eingeklagt wurde sie insbesondere in den USA und an einigen afrikanischen Universitäten, nicht aber in Großbritannien und Frankreich.[29]

Jan Vansina, einer der Gründungsväter der Geschichte in Afrika, beschreibt in seinen intellektuellen Memoiren, wie er zusammen mit Philip Curtin und anderen Kollegen in Wisconsin den ersten Studiengang der Afrikawissenschaften in den USA einrichtete. Zentraler Teil der Ausbildung war seit Beginn die Feldforschung.[30] Allerdings nennt Vansina, der wohl vehementeste Verfechter der Feldforschung für Historiker, auch selbst die Probleme: Es ist bis heute nicht selbstverständlich, daß Historiker Stipendien für ausgedehnte Feldforschung erhalten. Die notwendigen Vorkenntnisse, wie beispielsweise Sprachkompetenz, müssen erworben werden. Ein feldforschungsorientiertes Studium dauert länger, was Karrieremöglichkeiten einschränken bzw. zu weiteren Finanzierungsproblemen führen kann.[31] Daß historische Feldforschung bis heute nicht überall etabliert ist, zeigt sich beispielsweise auch daran, daß Jan Vansina zusammen mit Carolyn Adenaike kürzlich den ersten Band zu der Thematik herausgegeben hat. Zu ethnologischer Feldforschung dagegen gibt es eine umfangreiche Literatur.[32]

Wenn Feldforschung für Historiker nicht so eindeutig definiert und anerkannt ist wie für Ethnologen, spielt dann die Dauer des Aufenthaltes am Forschungsort überhaupt eine wichtige Rolle? Am deutlichsten wird dies wiederum am Fallbeispiel des Genres der Lebensgeschichten bzw. dessen Kritik. Wie bereits erwähnt, sind Lebensgeschichten heute weitgehend abgelöst durch persönliche Narrative und soziale Biographien. Diese beruhen nicht nur auf Interviews, in denen eine Person ihr Leben erzählt, sondern sie sind darum bemüht, die einzelne Person durch ihr soziales Umfeld so facettenreich und widersprüchlich wie möglich bzw. nötig darzustellen. Das wohl extremste Beispiel für solch ein Projekt ist das Buch *The Seed is Mine* des Historikers Charles van Onselen. Van Onselen hat den Mann, dessen Leben er in diesem Buch erzählt, sechs Jahre lang unzählige Male interviewt bzw. interviewen lassen und das Forschungsprojekt nach dessen Ableben und weiteren zehn Jahren Forschung 1996 veröffentlicht.[33] Van Onselen betont, daß mündliche Geschichte allein nicht ausreiche, um ein derart facettenreiches Narrativ zu erstellen. Es müssen auch schriftliche Quellen herangezogen werden.[34] Wichtig ist weiterhin, daß nicht nur derjenige interviewt wird, dessen Narrativ aufgezeichnet wird, sondern so weit wie möglich auch sein soziales Umfeld. Dies entspricht, so van Onselen, einer „Hierarchie der Vermittlung", einer Art Zwiebelkonzept, mit dem die Lebenswelt des Untersuchten Schicht um Schicht erforscht wird.[35]

Andere Beispiele sind die oben erwähnte Pat Caplan, die den Mann, dessen Lebensgeschichte sie 1997 veröffentlichte, bereits über 30 Jahre lang kannte, oder Richard Werbner und Terence Ranger, die ebenfalls auf über 30 Jahre zurückreichende Forschung zurückgreifen konnten, um soziale Biographien zu schreiben.[36] Zwar nicht dem Genre selber zugehörig, aber ebenfalls diese Dichte des Narrativs erreicht Steven Feierman, der auf ebenso lange Feldforschungsaufenthalte in Shambaai im Osten Tanzanias zurückblickt und dafür Kiswahili und Kishambaai gelernt hat.[37] Feierman gehört außerdem zu den wenigen Historikern, die eine doppelte Ausbildung absolviert und gleich zwei Doktorarbeiten, in Ethnologie und in afrikanischer Geschichte, geschrieben haben.[38]

Es zeigt sich also, daß einige Genres, oder allgemeiner das von Burke vorgeschlagene sich verdichtende Narrativ, häufig nur durch langjährige Feldforschung und Auseinandersetzung mit dem Beobachteten erreichbar sind. Die Konsequenz kann aber nicht sein, daß Nachwuchswissenschaftler Jahrzehnte lang warten müssen, bis ihnen ähnliches möglich ist, zumal Vansina der unorthodoxen Auffassung ist, daß mit Anfang zwanzig der Höhepunkt intellektueller Schaffenskraft bereits erreicht sei![39] Hier bietet sich wiederum ein Anknüpfungspunkt an Feiermans Argument, regionale Narrative und ein regionales Publikum zu schaffen, da diese eine ähnlich sinnvolle Verdichtung unterschiedlichster Forschungsvorhaben ermöglichen. Dichte Narrative könnten darüber hinaus eine Verbindung zwischen lokalem und (inter-)nationalem Publikum schaffen, da sie das Partikulare der kleinräumigen Fallstudie durch die Komplexität der Darstellung auflösen bzw. zugänglich machen.[40] Vielleicht liegt gerade auch hier eine Möglichkeit, translokalen und globalen Phänomenen Rechnung zu tragen. Bevor dieser Punkt weiter vertieft wird, soll kurz noch auf die Zeit des Beobachteten verwiesen werden.

Ein historisches Narrativ zeichnet sich dadurch aus, daß das Leben historischer Akteure räumlich und zeitlich positioniert dargestellt wird. John Peel, ein Sozialanthropologe, schloß sich kürzlich dem Aufruf Evans-Pritchards aus dem Jahr 1950 an, daß sich die Ethnologie der Geschichte annähern müsse, um der „lived-intimeness", also dem zeitlich verorteten Charakter menschlichen Handelns gerecht zu werden.[41]

Aus der zeitlichen Zuordnung von Ereignissen und Erfahrungen ergibt sich die Frage der Periodisierung der Geschichte Afrikas. Das Problem einer solchen Periodisierung besteht zum einen darin, sowohl eine Einordnung bzw. „Übersetzbarkeit" in die Weltgeschichte zu ermöglichen, zum anderen der Vielfalt lokaler Verhältnisse Rechnung zu tragen. Wie diesem Problem zu begegnen ist, war und ist umstritten. Zum einen wurde um Definitionen gestritten, wie sich an der Feudalismus-Debatte der 1970er Jahre zeigen läßt. Hier stellte sich die Frage, ob Begriffe der europäischen Geschichte auf ähnliche Phänomene in Afrika übertragen werden sollten.[42] Wichtiger und grundsätzlicher jedoch ist die Frage der Untergliederung der Geschichte Afrikas.

Fast immer wird die Geschichte Afrikas in Forschung und Lehre in die Phasen vorkoloniale, koloniale und nachkoloniale Geschichte gegliedert.[43] Selbst wenn das Ende der Kolonialzeit formal mit der Unabhängigkeit afrikanischer Staaten gleichgesetzt wird und die Frage neokolonialer Entwicklungen dabei außer Acht gelassen wird, stellt sich das Problem der Ungleichzeitigkeit: Ghana wurde 1957 unabhängig, Namibia erst 1990. Begann die koloniale Phase mit der europäischen Expansion im 16. Jahrhundert oder erst mit der formalen Kolonialisierung im späten 19. Jahrhundert? Wann beginnt die vorkoloniale Geschichte – mit der neolithischen Revolution, den ersten bekannten schriftlichen Quellen, der ersten bekannten Staatenbildung? Und wird die Geschichte Afrikas seit der Mitte des 20. Jahrhunderts für alle Ewigkeit nachkolonial sein?

David Cohen hat kürzlich darauf hingewiesen, daß die Produktion von Wissen über Afrika dem Kolonialismus-Paradigma nach wie vor verhaftet ist, d.h. daß Afrika immer in bezug auf Kolonisierung und Dekolonisierung gedacht wird. Dies epistemologische Problem führt beispielsweise zur Verkürzung der Jahrhunderte sogenannter vorkolonialer Geschichte durch ihren Bezug auf die kurze Phase des Kolonialismus, die der nigerianische Historiker Ajayi einmal als „Episode" bezeichnet hat, um genau auf dieses Problem hinzuweisen.[44] Afrikas Ort in der Weltgeschichte vorrangig durch die koloniale Phase zu bestimmen, verzerrt die Geschichte Afrikas.[45] Allerdings bleibt die Frage, ob Afrika ohne „Kolonialismus" gedacht werden kann, bisher unbeantwortet.

Repräsentation

Bei Lebensgeschichten stellt sich die Frage nach dem, was sie repräsentieren, als Frage nach der Relevanz des Partikularen für das Allgemeine. Diese Kritik richtet sich auch allgemein an die Mündliche Geschichte als eine Methode, die darauf abzielen muß, das kulturelle Bewußtsein historischer Akteure, diese also als „deutende Akteure" aufzuzeigen.[46] Die Antwort liegt darin, den Kontext des individuellen Lebens so darzustellen, daß der Komplexität der Identitäten und Erfahrungen Rechnung getragen wird. Da dies innerhalb des Genres Lebensgeschichte kaum möglich ist, wird versucht, dies Anliegen in persönlichen Narrativen und sozialen Biographien zu verwirklichen. Die gleiche Frage stellt sich für die Geschichte Afrikas im Verhältnis zur Weltgeschichte.

Steven Feierman hat argumentiert, daß afrikanische Vergangenheiten beispielsweise nicht ohne Wissen um die Geschichte des Christentums und des Islam verstanden werden können. Wenn Weltgeschichte bzw. europäische Geschichte jedoch als Kontext und Rahmen behandelt wird, in den die afrikanische Geschichte eingeordnet werden muß, dann stellt sich das Problem, daß letztere dieser untergeordnet wird. Der metropolitane bzw. eurozentrische Blick läuft so Gefahr, reproduziert zu werden. Feierman hat gezeigt, daß die Geschichte Afrikas als wissenschaftliche Disziplin der Exotisierung Afrikas entgegenwirkt und die Neutralität dieses wissenschaftlichen Blicks in Frage stellt.[47] Wichtig ist es aber, nicht dabei stehen zu bleiben, sondern diesen Blick zu drehen und auf sich selbst zu wenden.[48]

Der Austausch zwischen Europa und Afrika und das, was heute als Globalisierung bezeichnet wird, hatten nicht nur Adaptation, Aneignung und Widerstand seitens der Afrikaner und Afrikanerinnen zur Folge. So argumentiert Frederick Cooper, daß Europäer sich wiederum afrikanischen Initiativen angepaßt haben, was sich beispielsweise in der britischen Kolonialpolitik des *Indirect Rule* niederschlug.[49] Cooper betont, daß die vielbeschworene besondere Position schwarzer Identität als die des Zwischenraums, des „weder noch" bzw., nach Paul Gilroy, des „doppelten Bewußtseins" nicht einfach als Heimatlosigkeit interpretiert werden kann.[50]

Das Spannungungsverhältnis zwischen spezifisch lokalen und räumlich diffusen Kontexten von Identitäten sind kein afrikanisches Problem. Kein Individuum hat nur einen Ort. Eine neuere Strömung afrikanischer Historiographie, die dieser Überlegung gerecht zu werden versucht, ist die an dem Phänomen der Hybridität orientierte Forschung, wie beispielsweise die Konsumtionsforschung.[51] Feierman zeigt jedoch, daß jeder Versuch, diese Studien zu einem regionalen Narrativ zu verdichten, daran krankt, daß der gemeinsame Bezug der Fallstudien letztlich doch immer die jeweilige europäische Kategorie ist.[52]

Wie also kann der europäische Blick auf Afrika, der afrikanische Geschichte der eigenen letztlich unterordnet, hinterfragt werden? Hier ist es wichtig, nicht nur aufzuzeigen, welchen Einfluß Europa auf Afrika hatte und daß auch Europäer sich in Afrika lokalen Verhältnissen angepaßt haben. Erfahrungen in Afrika und Übersee haben sich eingeschrieben in europäische Landschaften, Körper und Ideen. Vom *Curry* als „britischem" Gericht, das in jedem Pub serviert wird, bis zum Wort *Bungalow*, das aus dem indischen Hindi in europäische Sprachen importiert wurde, gibt es dafür viele Zeichen und Spuren.[53] Dies gilt auch für das, was bis vor kurzem als essentiell europäische Identitäten, im Sinne lokaler Identitäten, angesehen wurde, wie beispielsweise „Englishness".[54] Eine für diese Problematik sensible neue Geschichte sollte deshalb beispielsweise beim Thema der englischen Landschaftsgärtnerei nicht dabei stehen bleiben, Bäume und Pflanzen als exotisch zu benennen, sondern den Fluß von Gütern und den damit verbundenen Ideen in globalen Kontexten nachzeichnen, wie dies eben auch die neue Sozialgeschichte Afrikas leistet.[55]

Die Herausforderung an eine Geschichtsschreibung, die den Komplexitäten lokaler und globaler Geschichte Rechnung trägt und den eurozentrischen wissenschaftlichen Blick auf Afrika auflöst, besteht darin, wie Cooper es im Sinne der „Geschichte von unten" verlangt, die europäische Geschichte zu provinzialisieren und somit nicht mehr als Zentrum der Weltgeschichte zu sehen.[56] Wichtig ist es, nicht nur die Vielfalt und Heterogenität afrikanischer Lokalitäten, sondern eben auch die der metropolitanen Narrative aufzuzeigen.

Schlußbemerkung

In den letzten Jahren ist die Wissensproduktion der Geschichtswissenschaft generell und somit auch die afrikanische Historiographie in Frage gestellt worden. Einige der Probleme und Vorschläge zu deren Lösung lassen sich zusammenfassen. Wissensproduktion und Machtverhältnisse sind eng verknüpft und können nicht voneinander gelöst werden. Allerdings ist es, möglich eine gewisse Transparenz des Forschungsprozesses im wissenschaftlichen Narrativ selbst herzustellen. Darüber hinaus ist es notwendig, wie Feierman argumentiert, von einheitlichen oder gar universalen Narrativen Abschied zu nehmen, da ein historisches Narrativ immer nur Möglichkeiten aufzeigen kann. Durch Vielstimmigkeit sowie neue Erzählformen sollte ein dichtes Narrativ angestrebt werden – wenn dies die Quellenlage zuläßt.

Methodologisch erfordert solch ein dichtes Narrativ langzeitige Feldforschung. Epistemologisch besteht die Herausforderung darin, Wege zu finden, Afrika jenseits des Kolonialismus-Paradigmas, also als vorkoloniales, koloniales oder nachkoloniales Afrika, zu sehen. Eine Antwort auf beide Probleme kann in dem von Feierman vorgeschlagenen regionalen Publikum und Narrativ liegen.

Der eurozentrische Blick auf afrikanische Vergangenheiten und Gegenwarten kann zumindest teilweise aufgelöst werden, indem aufgezeigt wird, daß europäische wie afrikanische Identitäten gleichermaßen provinziell und zugleich translokal sind. So bietet sich heute eine viel engere Zusammenarbeit mit Historikern Europas an, ohne jedoch die Geschichte Afrikas als regional bestimmtes Fachgebiet in Frage zu stellen oder aufzugeben.

Schließlich stellt sich nochmals die Frage nach dem Ort der Weltgeschichte. Diesen Ort gibt es nicht, genauso wie es keinen Ort der afrikanischen Geschichte innerhalb der Weltgeschichte geben kann. Eine neue Historiographie sollte sich stattdessen darum bemühen, lokale, translokale und globale Prozesse exemplarisch aufzuzeigen, was genauso gut anhand von Fallbeispielen aus Afrika wie aus Europa oder anderswo geschehen kann.

Anmerkungen

1   Besonderer Dank für kritische Kommentare und editorische Hinweise gilt Jan-Georg Deutsch, Karolina Fell, Axel Harneit-Sievers, Andrea Lingthaler und Albert Wirz. Die Verantwortung liegt jedoch allein bei der Autorin.

2   Burke betont, daß die Krise des Narrativs seit Ende der 1970er Jahre wichtig, aber bei weitem nicht die erste Krise dieser Art ist. Peter Burke, Overture. The New History, Its Past and Its Future. In: Ders. (Hg.), New Perspectives on Historical Writing, University Park/Pennsylvania 1991, S. 7f., und ders., History of Events and the Revival of Narrative. In: Ebenda, S. 233. Zur Reaktion von Afrikahistorikern siehe Megan Vaughan, Colonial Discourse Theory and African History or Has Postmodernism Passed Us By? In: Social Dynamics, 20 (1994) 2, S. 1-23, und die Antwort des Literaturwissenschaftlers David Bunn, The Insistence of Theory. Three Questions for Megan Vaughan. In: Social Dynamics, 20 (1994) 2, S. 24-34.

3   Dies Argument steht ganz im Gegensatz zu Wesselings Auffassung von Überseegeschichte. Wesseling betont, daß es für Afrika mangels Quellen überhaupt nur eine Strukturgeschichte geben könne. Henk Wesseling, Overseas History. In: Burke, New Perspectives, a.a.O., S. 77.

4   Burke konstatiert, daß der Grabenkampf zwischen Strukturhistorikern und solchen, die am Narrativ festhalten, aufgegeben werden sollte, da Ereignis und Struktur zwei Extreme einer Bandbreite von Möglichkeiten seien. Burke, History of Events, a.a.O., S. 236f.

5   Vgl. Heike Schmidt, Geschlechterverhältnisse. Gegenstand und Methode. In: Jan-Georg Deutsch/Albert Wirz (Hg.), Geschichte in Afrika. Einführung in Probleme und Debatten, Berlin 1997, S. 187-190; Sigrid Paul, Bausteine zu einer Geschichte der Biographie-Forschung in Afrika. In: Paideuma, 42 (1996), S. 183-213, und Terence O. Ranger, Persönliche Erinnerung und Volkserfahrung in Ost-Afrika. In: Lutz Niethammer (Hg.), Lebenserfahrung und kollektives Gedächtnis. Die Praxis der „Oral History", Frankfurt/M. 1980, S. 74-107. Vgl. auch Frederick Cooper, Conflict and Connection. Rethinking Colonial African History. In: American Historical Review 99 (1994) 5, S. 1528 und 1544.

6   Adam Jones, Schwarze Frauen, weiße Beobachter. Die Frauen der Goldküste in den Augen der europäischen Männer, 1600-1900. In: Hans-Joachim König (Hg.), Der europäische Beobachter außereuropäischer Kulturen. Zur Problematik der Wirklichkeitswahrnehmung, Zeitschrift für Historische Forschung, Beiheft 7, Berlin 1989, S. 153-168, und Edwin Ardener, Belief and the Problem of Women. In: Shirley Ardener (Hg.), Perceiving Women, London 1975, S. 1-17.

7   Aus der reichhaltigen Literatur soll hier nur ein bahnbrechender und vielbeachteter Band mit Lebensgeschichten von mehreren Sklavinnen und einem Sklaven des Zwischenseengebiets in Ostafrika erwähnt werden: Marcia Wright, Strategies of Slaves and Women. Life-Stories from East/Central Africa, New York 1993.

8   Magdalene K. Ngaiza/ Bertha Koda (Hg.), Unsung Heroines. Womens' Life Histories from Tanzania, Dar es Salaam 1991, S. 1. Vgl. auch Donald A. Ritchie, Doing Oral History, New York 1995, S. 16. Die mangelnde methodologische Auseinandersetzung zeigt sich auch daran, daß in Veröffentlichungen zu Lebensgeschichten in der Regel nur einleitend auf der ersten Seite kurz etwas zum Genre gesagt wird.

9   Sarah Mirza/Margaret Strobel (Hg.), Three Swahili Women. Life Histories from Mombasa, Kenya, Bloomington 1989, S. 1.

10 James Clifford, On Ethnographic Allegory. In: Ders./George E. Marcus (Hg.), Writing Culture. The Poetics and Politics of Ethnography, Berkeley 1986, S. 103-104.

11 Veit Erlmann, Modern, neo-modern oder postmodern? Zu den Problemen und Möglichkeiten einer historischen Anthropologie Südafrikas. In: Historische Anthropologie 2 (1994) 1, S. 137 u. 140. Siehe auch die Debatte um Mikrogeschichte, insbesondere Giovanni Levi, On Microhistory. In: Burke, New Perspectives, a.a.O., S. 200, und Hans Medick, Mikro-Historie. In: Winfried Schulze (Hg.), Sozialgeschichte, Alltagsgeschichte, Mikro-Historie, Göttingen 1994, S. 40-53.

12 Michel Foucault, L'Archéologie du savoir, Paris 1969, dt. Archäologie des Wissens, Frankfurt/Main 1973.

13 Kirk Hoppe, Whose Life Is It, Anyway? Issues of Representation in Life Narrative Texts of African Women. In: International· Journal of African Historical Studies 26 (1993) 3, S. 623-636; Heidi Gengenbach, Truth-Telling and the Politics of Women's Life History Research in Africa. A Reply to Kirk Hoppe. In: International Journal of African Historical Stud-

ies, 27 (1994) 3, S. 619-627; Kirk Hoppe, Context and Further Questions. Response and Thanks to Heidi Gengenbach. In: International Journal of African Historical Studies 28 (1995) 2, S. 359-362. Gengenbachs Hauptvorwurf besteht darin, daß Hoppes Kritik nicht neu, dafür aber übertrieben und so grundsätzlich sei, daß er es nicht zulasse, die „Stummen" der Geschichte hörbar zu machen. Damit untergrabe er vor allem feministische Forschung. Susan Geiger stimmt ihr in dieser Kritik zu. Susan Geiger, TANU Women. Gender and Culture in the Making of Tanganyikan Nationalism, 1955-1965, Portsmouth, NH 1997, S. xvi.

14 Van Onselen zeigt, daß das Machtverhältnis zwischen Wissenschaftler und Untersuchungsobjekt durchaus zugunsten des letzteren umkippen kann, auch wenn dies häufig nur temporär der Fall ist. Charles van Onselen, The Reconstruction of a Rural Life from Oral Testimony. Critical Notes on the Methodology Employed in the Study of a Black South African Sharecropper. In: Journal of Peasant Studies 20 (1993) 3, S. 506f.

15 Einige Autorinnen gehen soweit, den oder die Befragte als Oral Historian zu bezeichnen. Susan Geiger, What's So Feminist About Women's Oral History. In: Journal of Women's History 2 (1990) 1, S. 169-181. Vgl. auch Sherna Berger Gluck/Daphne Patai (Hg.), Women's Words. The Feminist Practice of Oral History, New York 1991.

16 Vgl. z.B. Maurice Biriotti/Nicola Miller (Hg.), What Is An Author? Manchester 1993.

17 Jane Parpart, Is Africa a Postmodern Invention? In: Issue: A Journal of Opinion 23 (1995) 1, S. 17.

18 Vgl. z.B. Thomas Mergel/Thomas Welskopp, Geschichtswissenschaft und Gesellschaftstheorie. In: Dies. (Hg.), Geschichte zwischen Kultur und Gesellschaft. Beiträge zur Theoriedebatte, München 1997, S. 27-31.

19 Pierre Bourdieu, The Biographical Illusion, Chicago 1987, und John und Jean Comaroff, Ethnography and the Historical Imagination, Boulder 1992, S. 25f. Für eine sehr differenzierte Kritik der wohl bekanntesten Lebensgeschichte aus Afrika, Marjorie Shostak, Nisa. The Life of a Kung Woman, Cambridge, Mass. 1981 (dt. Nisa erzählt. Das Leben einer Nomadenfrau in Afrika, Reinbek 1982), vgl. Clifford, On Ethnographic Allegory, a.a.O., S. 103-109.

20 Vgl. hierfür die in Geschichte und Ethnologie rezipierte Debatte zwischen den Comaroffs, Peel und Ranger. Jean und John Comaroff, Of Revelation and Revolution. Christianity, Colonialism, and Consciousness in South Africa. Bd. I, Chicago 1991; J.D.Y. Peel, For Who Hath Despised the Day of Small Things? Missionary Narratives and Historical Anthropology. In: Comparative Studies in Society and History 37 (1995) 3, S. 581-607, und Jean und John Comaroff, Of Revelation and Revolution. The Dialectics of Modernity on a South African Frontier. Bd. II, Chicago 1997, S. 42-53.

21 Vgl. z.B. The Cambridge History of Africa, 8 Bde., Cambridge 1975-1986, und die General History of Africa, 8 Bde., Paris 1981-1993. Vgl. aber auch Leonhard Harding, Geschichte Afrikas im 19. und 20. Jahrhundert, München 1999.

22 John Iliffe, Africans. The History of a Continent, Cambridge 1995, dt. Geschichte Afrikas, München 1997. Vgl. auch Leonhard Harding, Einführung in das Studium der Afrikanischen Geschichte, Münster 1994 (2. überarb. Auflage), S. 4-8. Im Gegensatz dazu haben sich die Autoren eines neuen deutschsprachigen Handbuchs darum bemüht, den Zugang zur Geschichte Afrikas durch das Nachzeichnen der Wissenproduktion über Afrika anhand von Debatten und biographischen Skizzen von Wissenschaftlern zu öffnen. Deutsch/Wirz, Geschichte in Afrika, a.a.O.

23 Pat Caplan, African Voices, African Lives. Personal Narratives from a Swahili Village, London 1997. Vgl. auch Pat Caplan, Anthropology, History and Personal Narratives. Reflections on Writing „African Voices, African Lives". In: Transactions Of The Royal Historical Society, 9 (1999), S. 283-290.

24 John Lonsdale, The Moral Economy of Mau Mau. The Problem. In: Bruce Berman/John Lonsdale, Unhappy Valley. Conflict in Kenya and Africa. Bd. II: Violence and Ethnicity, London 1992, S. 282.

25 Clifford Geertz, The Interpretation of Cultures, New York 1973, dt.: Dichte Beschreibung. Beiträge zum Verstehen kultureller Systeme, Frankfurt/M. 1987.

26 Burke, History of Events, a.a.O., S. 240-246. Ein Beispiel für die wissenschaftlich fragwürdi-

ge, aber außerordentlich erfolgreiche Anwendung von Filmsprache in der Erstellung von historischem Narrativ ist Thomas Pakenham, The Scramble for Africa, 1876-1912, London 1991, dt.: Der Kauernde Löwe. Die Kolonialisierung Afrikas 1876-1912, Düsseldorf 1994. Vgl. dazu auch die beißende Kritik von Anthony G. Hopkins, Review Article: „Blundering and Plundering". The Scramble for Africa Relived. In: Journal of African History 34 (1993) 4, S. 489-494.

27 Vgl. z.B. James Clifford, On Ethnographic Authority. In: Ders., The Predicament of Culture. Twentieth-Century Ethnography, Literature, and Art, Cambridge, Mass. 1988, S. 21-54. Für frühe Irrungen und Wirrungen der inhaltlichen Gestaltung der Feldforschung, siehe z.B. Edward E. Evans-Pritchard, Anhang IV: Einige Erinnerungen und Überlegungen zur Feldforschung. In: Ders., Hexerei, Orakel und Magie bei den Zande, Frankfurt/M. 1978 [1937], S. 326f.
28 Vgl. z.B. Andrew Roberts (Hg.), Tanzania Before 1900, Nairobi 1968.
29 Jan Vansina, Living with Africa, Madison 1994, S. 133f.
30 Ebenda, S. 100-103.
31 Ebenda, S. 102. In England beispielsweise wird bis heute davon ausgegangen, daß eine Doktorarbeit auch in Regionalwissenschaften in drei Jahren erstellt werden kann. Dies ist somit auch die Höchstförderungsdauer von staatlicher Seite. Nach dem üblichen einjährigen Einarbeiten in die Thematik (einschließlich Spracherwerb und Aneignung von Feldforschungstechniken) und mindestens einjährigem Feldforschungsaufenthalt ist es unmöglich, diesen Zeitplan einzuhalten.
32 Carolyn Adenaike/Jan Vansina (Hg.), In Pursuit of History. Fieldwork in Africa, Portsmouth, NH 1996.
33 Charles van Onselen, The Seed is Mine. The Life of Kas Maine, A South African Sharecropper, 1894-1985, Oxford 1996.
34 Van Onselen, The Reconstruction, a.a.O., S. 505.
35 Ebenda, S. 498f.
36 Caplan, African Voices a.a.O.; Richard Werbner, Tears of the Dead. The Social Biography of an African Family, Edinburgh 1991; Terence O. Ranger, Are We Not Also Men? The Samkange Family and African Politics in Zimbabwe 1920-64, London 1995.
37 Steven Feierman, Peasant Intellectuals. Anthropology and History in Tanzania, Madison, Wisc. 1990.
38 Steven Feierman, The Shambaa Kingdom. A History. Diss. In Geschichte, Evanston, 1970, veröffentlicht Madison, 1974, und The Concepts of Sovereignty among the Shambaa and Their Relation to Political Action, Diss. in Ethnologie, Oxford 1972.
39 Vgl. Vansina, Living with Africa, a.a.O., S. 91f.
40 Vgl. z.B. Landeg White, Magomero. Portrait of an African Village, Cambridge 1987.
41 Peel, For Who Hath Despised, a.a.O., S. 581 und 583.
42 Für eine kurze Darstellung der Anfang der 1960er Jahre geführten Feudalismus-Debatte siehe Vansina, Living with Africa, a.a.O., S. 122 und 276. Vor allem in der DDR wurde bis in die jüngere Vergangenheit an derartigen Begrifflichkeiten festgehalten. Vgl. z.B. Afrika. Geschichte von den Anfängen bis zur Gegenwart, 4 Bde., Köln 1979-1985.
43 Momentan haben die Bemühungen an der University of Cape Town, einen neuen Einführungskurs Afrikawissenschaften zu konzipieren, zu einer hitzigen Debatte um den Sozialwissenschaftler Mahmood Mamdani geführt, in der viele der hier angesprochenen Probleme diskutiert werden. Vgl. die diesem Thema gewidmete Nummer der Zeitschrift Social Dynamics, 24 (1998) 2. Der Frage, was unter Afrika als historischem Raum zu verstehen ist, kann hier nicht nachgegangen werden.
44 David William Cohen, Unsettled States of Knowledge. „Colonization" and „Decolonisation" in the Production of Africa and the Production of African History. Vortragsmanuskript für das Symposion Afrika und die Moderne, Berlin, 12.-15.2.1997, und Jacob Ade Ajayi, Colonialism. An Episode in African History. In: Lewis H. Gann/ Peter Duignan (Hg.), Colonialism in Africa, 1870-1960. Bd. I, Cambridge 1969, S. 479-509.
45 Für das andere Extrem, Afrika als kulturelle Wiege der Menschheit zu sehen, siehe die Debat-

te um den Afrozentrismus. Stephen Howe, Afrocentrism. Mythical Pasts and Imagined Homes, London 1998, und Andreas Eckert/Leonhard Harding u.a. (Hg.), Afrika - Mutter und Modell der europäischen Zivilisation? Die Rehabilitierung des schwarzen Kontinents durch Cheikh Anta Diop, Berlin 1990.

46 Ronald Grele, Ziellose Bewegung. Methodologische und theoretische Probleme der Oral History. In: Lutz Niethammer (Hg.), Lebenserfahrung und kollektives Gedächtnis. Die Praxis der „Oral History", Frankfurt/M. 1980), S. 143-161, und Mergel/Welskopp, Geschichtswissenschaft, a.a.O., S. 29.

47 Steven Feierman, Africa in History. The End of Universal Narratives. In: Gyan Prakash (Hg.), After Colonialism. Imperial Histories and Postcolonial Displacements, Princeton, NJ 1995, S. 52. Vgl. auch Steven Feierman, African Histories and the Dissolution of World History. In: Robert H. Bates/Valentin Y. Mudimbe/Jean O'Barr (Hg.), Africa and the Disciplines. The Contributions of Research in Africa to the Social Sciences and Humanities, Chicago 1993, S. 167-212.

48 Simon Gikandi zeigt, daß es wichtig ist, den Blick auch ideengeschichtlich zu wenden, da Afrika ohne europäische Moderne nicht zu denken ist, aber umgekehrt die europäische Moderne ihr „Anderes" - und dazu gehört auch Afrika - brauchte. Simon Gikandi, Reason, Modernity, and the African Crisis. In: Jan-Georg Deutsch/Peter Probst/Heike Schmidt (Hg.), African Modernities. Duration and Disjuncture, Oxford, Portsmouth, NH, in Vorbereitung.

49 Cooper, Conflict and Connection, a.a.O., S. 1530f. Nancy Cunard schreibt, daß sie das Wort „Ma" als Anrede von Afrikanern für Europäerinnen in einem Artikel des Nigerianers T.K. Utchay über die Kolonisierung Westafrikas für einen Schreibfehler in Abweichung des englischen „Ma'am" hielt. Als sie den Autoren danach befragte, antwortete Utchay, daß Missionare Begriffe aus afrikanischen Sprachen, in diesem Fall die ehrenvolle Anrede für Frauen in Efik, adoptierten. Wichtig ist hier, daß dieses Beispiel die Sicht eines afrikanischen Intellektuellen der Kolonialzeit reflektiert. T.K. Utchay, White-Manning in West Africa. In: Nancy Cunard (Hg.), Negro. An Anthology, New York 1970 [1933], Fußnote 2, S. 438.

50 Cooper, Conflict and Connection, a.a.O., S. 1539. Vgl. auch Paul Gilroy, The Black Atlantic. Modernity and Double Consciousness, London 1993.

51 Vgl. z.B. das vielgelobte Buch von Timothy Burke, Lifebuoy Men, Lux Women. Commodification, Consumption, and Cleanliness in Modern Zimbabwe, London 1996.

52 Steven Feierman, The Attack on Essentialism and the Loss of the Local. Vortragsmanuskript des Third SCUSA Inter-University Colloquium The Meanings of the Local, Keele, 9.-12.5.1997, S. 7.

53 So gelangte beispielsweise das Wort Palaver vom Portugiesischen nach Afrika und von dortigen Adaptionen durch das Englische ins Deutsche.

54 Eine der bisher wenigen Vertreterinnen dieser neuen Historiographie ist Catherine Hall mit ihrer Arbeit über englische Identität, White, Male and Middle-Class. Explorations in Feminism and History, London 1992, S. 206-295. Hall zeigt auf, daß sich diese neue Richtung aus feministischer Geschichtsschreibung in Reaktion auf die Kritik schwarzer Frauen entwickelt hat. Erstmals wurde die „Weißheit" der Historiographie hinterfragt. Ebenda, S. 19-21. Vgl. auch Shula Marks' Aufruf zu einer „alternativen Imperialgeschichte": Shula Marks, History, the Nation and Empire. Sniping from Periphery. In: History Workshop 29 (1990), und einen Aufsatz zum Versuch multikultureller Schulerziehung in den späten 1980er Jahren, Julia Bush, Moving On - and Looking Back. In: History Workshop 36 (1993), S. 183-194, sowie Vron Wares kontrovers diskutiertes Buch Beyond the Pale. White Women, Racism and History, London 1992.

55 Vgl. beispielsweise Roderick P. Neumann, Dukes, Earls, and Ersatz Edens. Aristocratic Nature Preservationists in Colonial Africa. In: Environment and Planning. D, Society & Space 14 (1996) 1, S. 79-98.

56 Cooper, Conflict and Connection, a.a.O., S. 1545.

Afrikanische Geschichte im Kontext von Weltgeschichte: Konsequenzen für die Lehrpraxis

Helmut Bley

Weltgeschichte zu konzipieren ist erneut, wie in den fünfziger Jahren die Universalgeschichte und in den siebziger Jahren die Geschichte des Weltsystems, zu einem wichtigen Thema der Historiographie und der universitären und schulischen Lehre geworden. Damit verschärfte sich das Dilemma der Methodendiskussion, in der betont wurde, daß die Konstruktion einer „Grand Narrative", d.h. einer großen, aus einer zentralen Perspektive strukturierten Weltgeschichte, unzulässig sei. Dies gelte nicht nur für Entwürfe von Weltgeschichte selbst, sondern im Grunde für jede komplexe gesellschaftliche Konstellation. Das Argument gilt natürlich auch für eine vergleichbar große Aggregation wie die einer afrikanischen Geschichte. Zugleich ist es unvermeidbar geblieben und sogar dringender geworden, sich ein Bild von den Prozessen in der Welt zu machen, ohne daß es möglich wäre, sich auf die offenkundigen Interdependenzen in Weltpolitik und Weltwirtschaft, Großmigrationen oder Ähnlichem zu beschränken, weil diese ja selbstverständlich mit den internen Prozessen der Gesellschaften in der Welt eng verbunden sind.

Einvernehmen besteht sicher darin, daß Weltgeschichte nicht mehr wie etwa bei Freyer „Weltgeschichte Europas" sein kann oder „The Rise of the West", wie es McNeill bezeichnet hat.[1] Schwieriger wird es, wenn man sich fragt, ob die Entstehung eines modernen Weltsystems aus der Dynamik eines „Kerns" (Wallerstein)[2] heraus mit Sog auf den „Rest" zum Orientierungspunkt werden kann. Auch wer die Hegemonie des kapitalistischen Systems zumindest für das 19. und 20. Jahrhundert akzeptiert, muß eine Hypostasierung seiner Dynamik zumindest für die Zeit vor 1800 vermeiden. Er muß multiperspektivisch herangehen, weil die Eigendynamik der Agrargesellschaften und die Vielfalt der gesellschaftlichen Antworten der außereuropäischen Gesellschaften – selbst der voll kolonisierten – zum „Weltbild" dazu gehören müssen. Fernández-Armestos *Millenium. Die Weltgeschichte unseres Jahrtausends* (1995) unternahm einen solchen Versuch.

Aber mit dem Blick auf die heutige und wohl auch künftige Welt kann auch die Perspektive des auf eine globalisierte Weltökonomie und eine dichte institutionalisierte Vernetzung der Weltpolitik ausgerichteten Entwicklungspfades zur „Industriegesellschaft", wie wir ihn im von Hobsbawm beschriebenen „goldenen Zeitalter" der fünfziger bis siebziger Jahre des 20. Jahrhunderts durchlebt haben,[3] in Frage gestellt werden. Weder war in der Vergangenheit der entfaltete Industriestaat die dominierende und realistische Perspektive der übergroßen Mehrheit der Weltbevölkerung, noch wird er dies in der voraussehbaren Zukunft sein. Die agrargesellschaftliche Realität war und bleibt relevant. Und die Folgen der kapitalistischen Transformation auch der Agrargesellschaften mit ihren urbanen und industriellen Enklaven boten und bieten meist nur für Minderheiten Perspektiven des erfolgreichen Nachholens oder auch nur eine Perspektive auskömmlichen Lebens. Für das Schreiben der Weltgeschichte wird man daher berücksichtigen müssen, daß die große Mehrheit der Menschheit – bei aller Wucht der globalen Prozesse und ihres Einwirkens auf ihre Lebensrealität – ihre Perzeption der Lebensentwürfe aus anderen Quellen speisen werden als denen, die die industriestaatliche und kapitalistische Logik „einer Welt"[4] bestimmt. Und weil das so ist, kann auch die außereuropäische Geschichte als Teil der Weltgeschichte sich nicht auf die Wirkung und Entfaltung der Moderne beschränken, sondern muß den regionalen und lokalen Bezügen eine erhebliche Bedeutung geben.

Dadurch wird das Dilemma, Weltgeschichte zu behandeln, natürlich vergrößert. Selbstverständlich kann man, wie Feierman zutreffend argumentiert hat, die Erfahrungen und Perspektiven der lokalen und regionalen Gesellschaften überall in der Welt nicht in einer „Grand Narrative" kondensieren. Allerdings läßt sich zugleich argumentieren, daß diese Myriaden von Geschichten – wie Vansina[5] dies genannt hat – indirekt Teile des Stromes der Weltgeschichte darstellen. Die Lösung des Dilemmas – das ist ein altes Thema der Debatte um Historiographie und übrigens auch der Geschichtsdidaktik – liegt dann in den Kriterien zur Auswahl des Exemplarischen und damit auch der Reduzierung der Multiperspektivität. Und die Auswahlkriterien müssen auf eine Balance zwischen der Perspektive zielen, die der Betrachter aus der jeweiligen Weltgegend und Gesellschaft hat, und dem, was für die Geschichte der Interdependenzen und der dominierenden Trends unverzichtbarer Kern einer Weltgeschichte sein wird.

Ein anderes wichtiges Argument gegen eine zu starke Strukturierung der Weltgeschichte überwiegend aus den großen ökonomischen und politischen Trends heraus (die jeweils stets auch externe Einflüsse oder Wirkungen eines Sektors – den der „Moderne" – betonen), ergibt sich aus den Überlegungen, die schon die Kritik an der Modernisierungstheorie bestimmt haben, nun aber insbesondere durch die diskursanalytische Kritik verfeinert worden sind:

Alle Gesellschaften, kleine wie große – auch dort, wo welthistorische Trends sie überwältigen sollten – müssen diese externen Einflüsse in ihre soziale, kulturelle und politische Struktur übersetzen. Dieser Übersetzungsprozeß ist oft sehr langwierig und prägt die Interaktion dieser Gesellschaften mit der übrigen Welt tiefgreifend. Auch bei asymmetrischen Machtbeziehungen im politischen und ökonomischen Bereich sind die sozial und politisch vermittelten Antworten vom historischen Kontext der Gesellschaften geprägt.

Es muß hinzugefügt werden, daß die meisten Effekte des Weltmarktes und der Welt- und Kolonialpolitik indirekt wirkten – vielleicht mit der Ausnahme des direkten Elitenkontaktes im Kontext der europäischen Expansion – und bei Bauern, Sklaven, lokalen Herrschern sehr vermittelt und verspätet wahrgenommen wurden. Im lokalen Kontext wurden eher neue Muster des Verhaltens der Führungsschichten, der migrierenden Jugend, der Frauen wahrgenommen. Das galt auch dann, wenn in einer ersten Phase durch die Schule, Arbeitsmigration oder Teilnahme an der *cash-crop*-Produktion bereits Kontakt zur Moderne stattfand.

Auch für die Periode seit dem Ende des 19. Jahrhunderts, in der die Welttrends durch die industrialisierten und urbanisierten Kernstaaten geprägt zu sein scheinen, muß betont werden, daß viele andere Gesellschaften als Agrargesellschaften existieren. Im Vergleich mit der spezifischen europäisch-amerikanischen Staatsform des 19. und 20. Jahrhunderts sind sie eher durch vom Weltsystem beeinflußte und dadurch transformierte „Ancien Regimes" bestimmt. Diese weisen viele Elemente des vormodernen Staates auf, wie Klientelismus, Partikularismus und eine Instabilität von Institutionen und des Gewaltmonopols.

Dies ist vor allem eine Mahnung an die in Europa und Amerika lebenden Betrachter, die als Zeugen des „goldenen Zeitalters" des kapitalistischen Wohlfahrtsstaates der Mitte des 20. Jahrhunderts, den Hobsbawm als Ausnahmezustand charakterisiert hat, weitgehend übersehen haben, welche Strukturen die vor- und protoindustrielle Welt des Westens bestimmten. Selbst dem Projekt der nachholenden Industrialisierung verfallene Intellektuelle Außereuropas sind demgegenüber viel eher dazu gezwungen, die gesellschaftliche Realität ihrer Agrargesellschaften und die der Enklaven der Moderne zueinander in Bezug zu bringen.

Bevor diese Überlegungen auf Konzepte angewandt werden, afrikanische Geschichte und Weltgeschichte zu lehren, ist ein weiteres Argument zu beachten. Nicht erst die postmoderne Kritik an einer sozial-ökonomisch strukturierten „Grand Narrative" mit ihrer eurozentrischen Perspektive hat mit Recht argumentiert, daß Eigen-Perzeption und damit die spezifische Weltsicht das sozio-kulturelle Handeln und damit indirekt das politische Handeln prägen. Diese kulturalistische Position hat sich allerdings häufig zu der Annahme übersteigert, daß Weltsichten die Geschichte bestimmen würden. Dies würde nun doch die hegemoniale Macht der ökonomischen, politischen und sozialen Trends des modernen Weltsystems unterschätzen und damit auch ihr Potential, das historische Umfeld auch dieser Gesellschaften zu restrukturieren. Und der Lauf der Weltgeschichte kann durchaus solche Gesellschaften überwältigen, die in hohem Maße die Realitäten von Ökonomie und Politik mißdeuten. Für besonders exponierte, meist kleine Gesellschaften kann sogar die rechte Perzeption der Weltlage massive Penetration und Transformation nicht verhindern. Postmoderne Konzeptionalisierung, die diese generellen Entwicklungen vernachlässigt, verliert die materielle Welt aus dem Auge.

Allerdings – und das bleibt der wichtige Aspekt der postmodernen Kritik – war und ist die Expansion des modernen Weltsystems höchst selektiv. Es hat eine Tendenz, eher Enklaven dichten Einflusses für lange Perioden der historischen Entwicklung zu schaffen. Dies ermöglicht großen Teilen der Gesellschaften, insbesondere in den marginalisierten Regionen und Schichten, und ihren Eliten, diesen Raum für intern generierte Antworten zu nutzen. Allerdings erhält diese Resistenz des Lokalen, abgesehen von den indirekten Einflußwegen über Warenwelt, Kommunikation und Migration, eine zusätzliche Dimension des Weltzusammenhanges, da gerade Eliten, aber auch Arbeitsmigranten zunehmend in überregionalen Netzwerken operieren und das Lokale und Globale verflechten. In einer Untersuchung der internationalen Händlernetzwerke hat Curtin[6] darauf hingewiesen, daß diese Verflechtung nicht erst Ergebnis der Entwicklung der zweiten Hälfte des 20. Jahrhunderts ist.

Geschichtsschreibung muß mit der Aporie leben, daß einerseits die Myriaden von Geschichten jeder lokalen Einheit, jeder Schicht, der weltlichen und religiösen Eliten, der Bauern, der Frauen, der Unfreien und der Minderheiten existieren, und daß andererseits jedermann, der sich mit diesen vielfältigen Perspektiven beschäftigt, zugleich vor der Notwendigkeit steht, eine „Grand Narrative" zu entwerfen, um Einordnung, Periodisierung, Vergleich und Bezug zur eigenen Realität herstellen zu können. Aufgabe des Historikers ist deshalb, nicht nur diese Myriaden von Geschichten zur Geltung zu bringen, sondern beim Herstellen dieses Gesamtzusammenhanges professionelle Hilfestellung zu leisten. Ich denke, es ist möglich, diese lokalen oder an Personen orientierten Perspektiven mit den jeweils weiteren Rahmen zu verbinden und zwar nicht nur als eine Variante der *intellectual history*.

Feierman, der in diesem Band über die Bedeutung der afrikanischen Historiographie für die Methodenentwicklung in der Geschichtswissenschaft reflektiert, hat für diese Möglichkeiten selbst ein gutes Beispiel geliefert. In seiner Geschichte des Shambaa-Königtums in Tanzania[7] betonte er nachdrücklich die spirituellen Wurzeln dieses Königtums, leitete Herrschaft geradezu von der Fähigkeit zur spirituellen Kontrolle ab. Das verleitete ihn aber nicht zu vernachlässigen, daß sich infolge der Aktivitäten von Handelskarawanen am Fuße der Usambaraberge und damit am Rande des Königtums die Machtverhältnisse veränderten, konkurrierende Machtzentren entstanden, bis schließlich die Macht dort lag, „wo die Gewehre waren" und statt rivalisierender Prinzen deutsche Kolonialoffiziere so dominierten, daß ein Königreich verschwand.

Weltgeschichtsschreibung – und damit auch die Einordnung der regionalen und lokalen Geschichten in diese – muß diese Verflechtung von Globalem und Lokalem und damit auch einen Perspektivenwechsel innerhalb der Darstellung leisten. Dies hat gute Geschichtsschreibung stets geleistet, ebenso wie eine gute Biographie den Hintergrund stets durchscheinen läßt. Dabei ist ein schwieriges methodologisches Problem, wie sich diese Einordnung in die überregionale und Weltgeschichte im Bewußtsein der Akteure widerspiegelt. Das kann bei strategisch denkenden Eliten sehr bewußt, in extremen Formen von Lokalität hingegen sehr indirekt sein. Selbstverständlich wußten etwa auch im Weltreich Karls V. nur die Eliten der Höfe in Europa und Byzanz, daß in ihm die Sonne nicht unterging. Dies widersprach nicht den partikularen Bewußtseinsstrukturen der Regionen und Dörfer, obwohl auch dort durch die Veränderung von Herrschaftsstrukturen und wirtschaftlichen Entwicklungen und Wandlungen der Warenwelt eine weitere Welt aufschien. Ich habe an anderer Stelle aufzuzeigen versucht, daß in diesem Sinne auch in Afrika, dem weltgeschichtlich vielleicht isoliertesten Kontinent, bereits in der Periode vor 1600 durch überregionale Zusammenhänge spezifische Großregionen mit eigentümlichen Agrar- und Austauschstrukturen und spezifischen Beziehungen zu den religiösen und wirtschaftlichen Zentren Asiens und Europas geschaffen wurden. In ihnen ist ein gesellschaftliches Bewußtsein dieser weiteren Welt nachweisbar, und sei es in der Abgrenzung durch betonten Lokalismus oder Traditionalismus.[8]

Trotz dieser Aporien und ihrer diffizilen historiographischen Handhabung sind weltgeschichtliche Betrachtungen unvermeidlich für die Kommunikation in Gegenwart und Zukunft, auch wenn den Forderungen nach Perspektivenwechsel weg von der teleologischen Betrachtung des „Rise of the West" und der Überbetonung der Wucht der europäischen Expansion Rechnung getragen werden soll.

Lösungswege ergeben sich dabei meiner Erfahrung nach eher bei der Konzeptionalisierung von Lehre als von Forschung. Die folgenden Überlegungen gehen von entsprechenden Erfahrungen aus.

I

Am Historischen Seminar in Hannover lehrt eine Gruppe von Kolleginnen und Kollegen seit über 20 Jahren eine sechssemestrige Weltgeschichte von der Antike bis zum Zusammenbruch der UdSSR.

Dies bedeutet, daß wir uns über ein organisierendes Konzept verständigen müssen, das die Einzelteile verbindet und die Beschränkung der Zeit berücksichtigt – ein Kern-Curriculum. Außerdem müssen von Zeit zu Zeit die organisierenden Prinzipien überprüft werden, was auch Konsequenzen für die Auswahl der Hauptphänomene hat, wenn der weltgeschichtliche Wandel dies unabdingbar macht.

Drei Beispiele hierfür seien genannt: Konnte man die Weltgeschichte in den siebziger Jahren trotz der Beachtung der gesellschaftlichen und humanen Kosten der Russischen Revolution durch den Stalinismus im Hinblick auf eine Kontinuität der Bipolarität und der Reformierbarkeit der UdSSR erzählen, mußte seit 1989 das Ende dieses Systems von vornherein mitgedacht werden, ohne die Bedeutung von Industrialisierung und Weltmachtstellung der UdSSR zu verdecken. Ließ sich in ähnlicher Weise die Geschichte der Chinesischen Revolution als Lösung einer langen Systemkrise sozusagen als „Erfolgsgeschichte" deuten, so konnten nach einem gewissen Abstand von der Kulturrevolution die Kosten dieser Revolution und der nachrevolutionären Zeit nicht mehr unberücksichtigt bleiben. Dafür waren die Zahl der Opfer (vielleicht bis zu 40 Millionen) und die sich anbahnende Systemkrise allzu unübersehbar. Auch die Geschichte der afrikanischen Dekolonisation war zunächst aus antikolonialer Perspektive und als nationalistisches Projekt modernisierender Eliten konzipiert. Auch diese Positionen ließen sich nicht aufheben, mußten aber einschließen, daß die Dekolonisation in massive Staatskrisen überging. Ebenso mußte bedacht werden, daß etliche Argumente, etwa aus der Unterentwicklungs-Debatte, die für die südostasiatischen Kolonien nicht wirklich griffen, deshalb auch für Afrika nicht gelten konnten, so daß spezifische Voraussetzungen in Afrika berücksichtigt werden mußten.

Diese Perspektive war primär für Studenten in Hannover und die Relevanz für ihr Weltbild konzipiert. Zugleich sollten ausländische Studenten ihre Perspektive wiedererkennen und eine Vielzahl der Senioren-Studenten das Gewicht ihrer Zeitzeugenschaft einbringen können.

II

Die Frage der Perspektivität als Organisationsprinzip und seine Versöhnung mit dem Blick auf die „Grand Narrative" stellt sich in einer stark polarisierten, multikulturellen und multi-ethnischen Gesellschaft mit konkurrierenden Nationalismen noch viel schärfer. Ich habe mich Anfang der neunziger Jahre im Rahmen des Internationalen Schulbuchinstituts in Braunschweig zusammen mit Jörn Rüsen und Falk Pingel quasi als neutrale Moderatoren in Diskussionen in Südafrika mit der Frage nach einer neuen südafrikanischen Geschichtsschreibung nach dem Ende der Apartheid befaßt. Dabei gelang es uns, die wichtigsten intellektuellen und politischen Strömungen mit Kontakt zur Schulbuchproduktion miteinander darüber ins Gespräch zu bringen, wie eine Verständigung über die unterschiedlichen Perspektiven auf die südafrikanische Geschichte möglich sei. Nationalistische Konzepte – so die des burischen Nationalismus, des neotraditionalen Zulu-Nationalismus oder die panafrikanischen, durch Black Consciousness geprägten Entwürfe – standen untereinander in erheblicher Spannung. Eine solche Spannung bestand ebenso zwischen ihnen und globalen Einordnungsversuchen in den Kontext von Kolonialismus- und Kapitalismusgeschichte, der Einbettung in den Kalten Krieg und des liberalen demokratischen Erbes. Allerdings schuf der Stand der Forschung im Kontext der *radical history* und der traditionskritischen Analyse der Diskursanalytiker Anknüpfungspunkte.[9]

Das Gebot der Multiperspektivität – auch im Interesse des Standes der Geschichtsdidaktik (Rüsen) – und die Verständigung darauf, im Rahmen der Multiperspektivität ein Kern-Curriculum zu finden, das generell verbindlich sein könnte (Alexander), erleichterte Lösungen, die sich auf wenige Prinzipien bezogen:

Eines war, nicht hinter den Stand der Forschung zurückzufallen – also zum Beispiel, das „Grand Theme" von Großem Treck, der zur Gründungslegende des burischen Nationalismus führte, und dem Mfecane (den Kriegen, die mit der Entwicklung des Zulustaat verbunden waren) als einheitliches historisches Feld im frühen 19. Jahrhundert zu akzeptieren. Weitere Aspekte dieses Feldes sind die Gewaltsamkeit des Arbeitsmarktes, die Ausdehnung der Frontier, die Hegemonialkonflikte im Ngoni-Bereich und der Fortbestand der von England dominierten kapitalistischen Landwirtschaft.

Der zweite tragende Gesichtspunkt war, daß Multiperspektivität als Gebot von Lehre politischen Rahmenbedingungen unterworfen ist. Zwar ist es möglich, multiperspektivische Zugänge – die Sicht und Interessen der verschiedenen Akteure – einzuführen und in regionalisiertem Geschichtsunterricht bestimmte Bereiche und Personen hervorzuheben. Dennoch muß ein Kern-Bereich erhalten bleiben, d.h. es müssen Prozesse und Interpretationen angeboten werden, die jedem gebildeten Südafrikaner gemeinsames Wissen um die Geschichte ermöglicht – trotz aller Verschiebungen, die ethnozentrische Positionen oder die Betonung der lokalen oder sozialen Perspektive bedingten. Allerdings besteht das demokratische Prinzip, hier bezogen auf den südafrikanischen Verfassungsstaat, wonach keine lokale oder soziale Perspektive zum Ausschluß der wichtigsten anderen Perspektiven führen und nicht im Widerspruch zum gemeinsamen Kern-Curriculum stehen darf.[10]

III

Ausgehend von Debatten in den USA, gibt es seit gut 15 Jahren eine Diskussion um Konzepte von Weltgeschichte in der Lehre an Universitäten und Gymnasien. In der Bundesrepublik haben mehrere Bundesländer nach dem Vorbild von Niedersachsen – angelehnt an die in Hannover gelehrte Welt- und Außereuropäische Geschichte – die Geschichte der „einen Welt" in das Curriculum der gymnasialen Oberstufe eingeführt. In einem studentischen Projekt habe ich mich mit Andrea Hintze als Spezialistin für indische Geschichte und Gymnasiallehrerin in Cambridge und Hannover der Umsetzung dieser Fragen zugewandt und den Kontakt zur amerikanischen

World History Association gesucht, deren Konzeptionen u.a. von Curtin und Feierman mit geprägt wurden.

Bei Berücksichtigung der didaktisch gesicherten Prinzipien der Multiperspektivität, des Exemplarischen (bis zum Einzelfall), der Anschaulichkeit und der Schulung zur Kritik an Quellen spitzten sich die Probleme zu. Die Ausgangsfrage, die sich ähnlich wie in Südafrika stellte, war: Was ist für Schüler und Studenten der westlichen Industrieländer der Kern des Wissens über die Gesellschaften in der außereuropäischen Welt, der aus Perspektive der Weltgeschichte erforderlich scheint?

Das zentrale Problem war, an das Grundwissen und die dominierende Perzeption des Westens von der Welt anzuknüpfen, die europäische Expansion und die darauf folgende kapitalistisch-industrielle Durchdringung der Welt als überwältigend wahrzunehmen und Weltgeschichte nur noch als Anpassung an diese Moderne zu verstehen. Da der „Erfolg" der Europäischen Expansion und Industrialisierung positiv als „Modernisierung" oder gar „Zivilisationsmission" wahrgenommen oder in kulturkritischer orientalistischer Betrachtungsweise als Überwältigung fremder Kulturen bis zu ihrer Auflösung gedacht wird, mußte an dieser Hypostasierung angesetzt werden.

Der Perspektivenwechsel mußte die interne Dynamik der großen Gesellschaften Asiens, Lateinamerikas und Afrikas in den Vordergrund stellen und den Prozeß der Expansion in seiner Wirkungsmächtigkeit auf sein historisches Maß zurückführen. Das gilt auch für die verwandten Themen von Kolonialismus und Imperialismus und ihren Gegenbewegungen.

Für den Umgang mit diesem Perspektivenwechsel bietet der internationale Forschungsstand vielfältige Handhabungen. Es seien drei Beispiele herausgehoben, um dies zu illustrieren:

Dadurch, daß die europäische Expansion zunächst auf die im besonderen Maße verwundbaren Hochkulturen Lateinamerikas stieß und dort politische, kulturelle und demographische Katastrophen verursachte, kommt es zu der angesprochenen Allmachtvorstellung europäischer Expansion. Dieses ist in keinster Weise auf die großen asiatischen Gesellschaften von China über Indien bis zum persischen und osmanischen Reich zu übertragen und gilt auch nicht für den Großteil der afrikanischen Gesellschaften.

Selbst für die lateinamerikanische Geschichte wäre es eine falsche Schlußfolgerung, die mehrhundertjährige Kolonialherrschaft lediglich aus der Perspektive der Europäisierung zu betrachten. Die Kontinuität der indianischen Bevölkerung, das Entstehen des afroamerikanischen Komplexes aus der Sklaverei und die Entwicklung auch der mestizischen Gesellschaft brachten eine Gesellschaft *sui generis* hervor. Beispiele, die diese südamerikanische Dynamik behandeln, sind erforderlich, um den Eurozentrismus zu begrenzen.

Wie auch immer man die Dynamik des atlantischen Systems betrachten mag, die Geschichte des Indischen Ozeans und des damit verbundenen südchinesischen Meeres bildet keine Parallele. Der neuere Forschungsstand macht überdeutlich klar, daß vor 1800 von einer europäischen Hegemonie im Asienhandel nicht die Rede sein kann. Der Großteil auch des europäischen Handels in dieser Region war innerasiatischer Handel. Die indirekten Wirkungen insbesondere der britischen Präsenz auf die innere Struktur etwa der indischen Gesellschaft werden erst im 19. Jahrhunderts deutlich zum Thema. Die maritime Präsenz Chinas blieb auch nach Abbruch der Übersee-Expansion zu Beginn des 16. Jahrhunderts von erheblicher Bedeutung, ebenso auch die Übersee-Netzwerke seiner Kaufmannschaft.

Eine solche Betrachtungsweise, die nicht die Übertreibungen von André Gunder Frank[11] mitmachen muß, verlängert die Zeit der autonomen Handlungsspielräume für die asiatischen Gesellschaften um zumindest 300 Jahre. Zieht man die aktiven Reformbewegungen in diesen Gesellschaften in Betracht, die sich seit Mitte des 19. Jahrhunderts beobachten lassen, und behält man im Auge, daß sich die eigentliche Wucht der europäischen Expansion wesentlich erst im Hochimperialismus in Asien und Afrika entfaltete und spätestens mit der Weltwirtschaftskrise 1929 schon wieder erheblich nachließ, reduzieren sich Phänomene, die sich mit Allmacht und Übermacht assoziieren lassen, auf die Dauer eines Menschenlebens von 80 Jahren.

Ein weiterer Aspekt des Perspektivenwechsels liegt in der Historisierung der Entwicklung der westlichen Industriestaaten. Hierzu gehört die Einsicht, daß der moderne Staat Westeuropas und der USA aus der Sicht der langen Trends von Weltgeschichte ein exzeptionelles Konstrukt ist und kein allgemeingültiges Modell der Weltgeschichte. Zumindest muß beachtet werden, daß agrargesellschaftlich strukturierte Staaten in Europa und in der außereuropäischen Welt anderen Regeln als denen des „Wohlfahrtstaates" des goldenen Zeitalters Hobsbawms folgten. Dasselbe galt für die westeuropäischen Regime bis ins 19. Jahrhundert und auch für alle anderen Gesellschaften bis zur Gegenwart. Der Perspektivenwechsel beinhaltet also, sich von der Idee der Normativität des westeuropäischen Prozesses zu lösen. Es ist die Verbindung von Anciens Regimes und modernen Strukturen und Enklaven, die prägend waren und sind.

Zu dieser Aussage fügt sich die Annahme, daß dieser westeuropäische Nationsbildungs- und Industrialisierungsprozeß in wesentlichen Elementen nicht wiederholbar ist. Zumindest wird er vermutlich keine Integration von mehr als 60% der Menschen in die Arbeitswelt und sozialen Sicherungssysteme bringen. Weder der entwickelte Kolonialismus noch semikolonisierte Gesellschaften wurden von diesem Prozeß erreicht. Daher erfordert es der Perspektivenwechsel, Beispiele zu entwickeln, die die Erfahrungen dieser großen Mehrheiten der Verlierer der Modernisierung und deren Überlebensstrategien entgegen modernisierenden Agenturen oder um sie herum repräsentieren. Zu diesen Strategien gehört – das legen die neuen Forschungsergebnisse zur Entwicklung überregionaler Netzwerke und der Verflechtung von Peripherie und Zentren durch Migration nahe –, daß die Möglichkeiten der Weltwirtschaft und der Verdichtung von Kommunikation genutzt werden und das Lokale und Globale sich außerordentlich miteinander verflechten.

Es ist hier nicht der Platz, um zu erörtern, daß diese Überlegungen dazu führen, auch die Geschichte Europas und der USA aus der Gefangenschaft der Hypostasierung des goldenen Zeitalters und seiner normativen Aspekte zu befreien, den Strukturen der Anciens Regimes in Europa im Interesse der Vergleichbarkeit mehr Gewicht zu verleihen und die Kosten der Moderne als zentrales Thema zu behandeln.

Schließlich ist zu überlegen, ob unter diesen Aspekten ein Kern-Curriculum zu begründen ist. Aus dem Gesagten wird sicher deutlich geworden sein, daß eine „Grand Narrative" nicht unbedingt angestrebt werden muß. Das Exemplarische wirkt dem ohnehin entgegen. Aber man kann argumentieren, daß neben der Einführung des Perspektivenwechsels bei den klassischen großen Themen der europäischen Expansion und der Dekolonisation es aus der außereuropäischen Geschichte gewonnene große Themen gibt, die in Auswahl sicher auch da immer zum Obligatorium gehören könnten. Die Ursprünge der Industrialisierung in England, die Französische und Russische Revolution, der europäische Kolonialismus, die Weltkriege und der Holocaust (um nur die Periode seit 1780 zu nennen) gehören zu einem solchen Kern.

Die Bewunderung der alten Hochkulturen, gar noch unter dem Aspekt des Statischen, vermag den Perspektivenwechsel jedenfalls nicht zu vollziehen, auch wenn Rückgriffe erforderlich sind.

Einige Beispiele für große Themen, die den Perspektivenwechsel begünstigen können, seien hier aufgeführt.

1. Es ist sicher sinnvoll, die *Entstehung des modernen Weltmarktes* zum Thema zu erheben. Zu viele Gesellschaften sind durch die Arbeitsverfassung und die Waren- und Geldströme beeinflußt worden. Dieses strukturierende Potential hat sich seit der zweiten Hälfte des 19. Jahrhunderts enorm gesteigert.

Zugleich ist es aber wichtig zu wissen, daß bis ca. 1800 riesige regionale Wirtschaften, vergleichbar dieser eurozentrierten Weltwirtschaft, in Asien existierten. Hierzu gehörten große Binnenmärkte wie in China, Indien und im West-Sudan, die lange vom internationalen System nur marginal berührt wurden, oder auch in Mexiko, wo sich der Binnenmarkt in Krisenperioden der Weltwirtschaft wieder belebte. Dies gilt auch für den asiatischen Überlandhandel und den afrikanischen Transsahara-Handel. Durch diese Systeme und natürlich die Formen der Kontrolle der Agrarproduktion wurden die politischen Systeme und die Strategien von Eliten und Bauern geprägt. Von dieser Basis aus artikuliert sich die Auseinandersetzung mit der Moderne, die auch von starken gesellschaftlichen Kontinuitäten geprägt ist.

2. Zu den Konsequenzen dieser Entwicklung gehören *Sklavenhandel von Afrika und Sklaverei in den beiden Amerikas*, mit ihrer prägenden Kraft für die gesellschaftlichen Strukturen auf beiden Seiten des Atlantiks. Dies berührt die Geschichte von unfreier Arbeit und Arbeitsmigration als einen welthistorischen Prozeß. Das Thema gehört auch zur Geschichte der Entwicklung der Menschenrechte als universalem Prinzip.

3. Wie unvermeidlich oder historisch notwendig die Französische und die Russische Revolution auch immer beurteilt werden – ihre Reichweite auf viele Gesellschaften hat sie zum Bestandteil des Kanons werden lassen. Das gilt auch für die *Chinesische Revolution*. Diese Revolutionserfahrungen müssen auch dann in ihrer historischen Bedeutung gewürdigt werden, wenn sich in der nachrevolutionären Periode die Kosten des Prozesses in den Vordergrund schieben.

Dieses Phänomen der Revolution kann offensichtlich komparativ betrachtet und für eine Erklärung der Dialektik von globalen und lokalen Prozessen fruchtbar gemacht werden, indem die Kette der Revolutionen von Rußland 1905, Türkei 1908, Mexiko 1910 und China 1912 betrachtet wird.

4. Ausgehend von der Annahme, daß für das eurozentrische Weltbild die Vorstellung einer erfolgreichen *Zivilisationsmission von christlicher Mission und Schule* konstituierend ist, wird an geeigneten Beispielen die Transformation der Weltreligionen thematisiert werden müssen. Im Vordergrund wird stehen, wie langsam und marginal die christliche Mission auf lange Perioden gewirkt hat, welche Transformationen sie durch unabhängige Kirchen, Verweigerung einer einheimischen Priesterschaft und Nähe zur Kolonialherrschaft oder dem Latifundienbesitz erlebt hat und warum Kontinente wie Afrika und Lateinamerika dennoch grundlegend christianisiert wurden. Die Strategien der Menschen im Umgang mit Mission werden wichtig und damit auch deren Umgang mit Schule. Wichtig ist, daß beides sich im Laufe der Zeit aus dem europäischen Kontext löst und quasi universalisiert, aber auch lokalisiert wird. Es wird notwendig sein, parallel dazu an Beispielen *die vergleichbare Transformation des Islam* seit der Krise der islamischen Großreiche zu thematisieren, um eine Stereotypisierung zur essentialistischen Unverwandelbarkeit „des" Islam zu vermeiden, aber auch seine große Tradition aus dem Mittelalter in die Neuzeit zu verlängern.

5. Die Geschichtsschreibung der *Dekolonisation* ist bislang überwiegend den Paradigmen von Entwicklung und Unterentwicklung und Nationsbildung gefolgt. Sie wurde geprägt von der Betonung der Interventionstiefe des Kolonialismus und Imperialismus. Sie wurde außerdem stark von weltgeschichtlichen Parallelen im Zeitalter der Weltkriege bestimmt. Da Dekolonisation als Thema auch im bisherigen Kanon etabliert ist, wird wichtig, den Perspektivenwechsel weg von der Überbetonung des Nationalismus-Projektes und der nachholenden Entwicklung hin zu den Grenzen und Kosten von Entwicklung zu fördern und die Abhängigkeit von normativen Vorstellung über europäische Entwicklung zu lösen. Die Bedingungen von Staats- und Gesellschaftsentwicklung im globalisierten Weltsystem und dessen Kosten und Marginalisierungstendenzen werden betont werden müssen, ebenso wie Elitenkontinuitäten und traditionelle und neotraditionelle Diskurse.

Hier lauern die Gefahren extremen Historismus, aber auch doktrinären Universalismus, die letztlich nur mit expliziten politisch-normativen Positionen bewältigt werden können, die zwischen den Polen unverzichtbarer Normen der Menschenrechte und Demokratie einerseits und behutsamer Anerkennung unterschiedlicher gesellschaftlicher und kultureller Ausprägungen andererseits vermitteln müssen.

Das Wissen um die europäischen, insbesondere deutschen Barbareien im 20. Jahrhundert und die negativen Wirkungen der weltwirtschaftlich relevanten Steuerungsinstrumente muß hier einer Wohlstandsarroganz entgegenwirken.

Diese Betrachtungen mögen von einer Diskussion möglicher großer Themen seit der Frühen Neuzeit, die einen Perspektivenwechsel von der Eurozentrik begünstigen, überleiten zu Fragen der Forschungsorganisation und Qualifikation der Lehrenden, um das ehrgeizige Projekt, Weltgeschichte in multiperspektivischem Ansatz zu betreiben, voranzubringen.

Ich stimme der These Curtins zu, daß die Arbeit nicht von Spezialisten der Weltgeschichte betrieben werden sollte. Die Verankerung in einer außereuropäischen oder auch europäischen Region und Periode bleibt unverzichtbar, aber von diesem sicheren Terrain aus sollte in die Welt ausgegriffen werden. Curtin geht davon aus, daß sich dies in spezifischen Sektoren entwickeln wird, die für den Vergleich und die „longue durée" geeignet sind. Die Kunst ist, die richtigen Themen zu finden, so wie Curtin die Handelsdiaspora gewählt hat.

Auch hier liegt die Chance in der Überwindung eurozentrischer oder kulturalistischer Perspektiven. Klassische Themen wie die der Staatsbildung, der Entstehung von Nationalismus, des Fortwirkens von Partikularismen, Klientelsystemen etc. laden geradezu zum Vergleich im Weltmaßstab ein – z.B. zum Charakter von Anciens Regimes unter dem Druck von Weltmarktverschiebungen, wie Bayly[12] argumentiert hat. Eine vergleichbar produktive Debatte ist um die Entstehung und Behauptung bäuerlicher Wirtschaft entstanden. Die sozialrevolutionäre Debatte während der russischen Revolution (Tchajanov[13]) wurde zunächst in die europäische Mediävistik übertragen (Brunner[14]), dann auf Afrika (Shanin und Wolf[15]), und schließlich auf Vietnam[16]. Später wurde sie aufgefüllt mit dem Begriff der „moral economy" (Thompson[17]) und fand schließlich Eingang in die „Peasantisation"-Debatte im südlichen Afrika[18].

Ähnlich wichtig ist es, eine Geschichte von Kindheit, Familie und Geschlechterverhältnissen in einen komparativen Kontext zu stellen, sie vom Leitbild der bürgerlichen Kernfamilie des zentral- und westeuropäischen 19. Jahrhunderts zu lösen und dennoch ihre Ausstrahlung auf die Welt als Norm und Emanzipationsanspruch zu formulieren, wie es in der Kritik der Kinderarbeit, der Analyse der von Frauen geführten Haushalte und der modernen Frauenbewegung auch in außereuropäischen Gesellschaften zum Ausdruck kommt.

Vergleichbar sind die Reformdiskurse im Kontext nachholender Industrialisierungsbemühungen, die Senghaas aus der Unterentwicklungstheorie nach Europa selbst zurück getragen hat und die nun komparatistisch auch unter den besonders komplexen Bedingungen des 20. Jahrhunderts behandelt werden können. Sie sollten jedoch auch hier die „longue durée" bedenken, wie dies für die nachholende Entwicklung in Lateinamerika geschieht, aber z.B. auch von Schölch für Ägypten berücksichtigt wurde. Einen ähnlich produktiven Anstoß hat Rothermund in der vergleichenden Forschung zur Weltwirtschaftskrise gegeben.[19]

Afrika im Kontext der Weltgeschichte verliert unter diesen Aspekten viel von seiner Sonderstellung. Es erweist sich aber wegen der relativ späten Integration in die Weltökonomie (mit Ausnahme der schon früh und intensiv vom Sklavenhandel betroffenen Regionen), der besonders starken institutionellen Überformung durch den kolonialen Staat und der Intensität von christlicher Mission und islamischer Ausbreitung für fast alle berührten Fragen als ein sehr produktives Forschungsfeld mit fortgeschrittenen Debatten in den genannten Sektoren.

Afrika stellt ein besonders instruktives Beispiel für die Chancen eines Perspektivenwechsels dar.

Dies beginnt mit der Auflösung der Chiffre Afrika in einzelne Regionen mit differenzierter Kultur und Geschichte. Die Dialektik von Überwältigung durch Aufteilung und Resistenz durch lokale Autonomie oder Langsamkeit der realen Kolonialisierung tritt besonders hervor. Das Konstrukt der Nationsbildung durch den transformierten kolonialen Staat kontrastiert mit der Lebendigkeit der regionalen Strukturen und der Politisierung und Instrumentalisierung von Ethnizität. Die Dominanz der Agrargesellschaft steht ihrerseits in Kontrast zur Interventionsdichte von Staat und staatsähnlichen Strukturen des internationalen Systems und extremen Urbanisationsprozessen. Die Zwangsmigration über den Atlantik verbindet Afrika mit Amerika, ohne daß über den panafrikanischen Diskurs und die dadurch ausgelöste Missionsdynamik hinaus reale Beziehungen bestehen. Lokaler Partikularismus koexistiert mit weltweiten Migrations-Netzwerken. Weltwirtschaftliche Marginalisierung verhindert nicht die Dichte der Interaktion mit der übrigen Welt.

Die von Feierman angesprochene Ausstrahlung der an afrikanischen Themen entwickelten Methoden und Fragestellungen auf die Geschichtswissenschaft generell bereitet den Weg für die Beteiligung an der vergleichenden Betrachtung der genannten Sektoren und führt die auf Afrika bezogene Geschichtswissenschaft aus ihrer regionalistischen Isolierung.

Anmerkungen

1   Hans Freyer, Weltgeschichte Europas, Stuttgart 1969 [1948, 1954]; William Hardy McNeill, The rise of the West, Chicago 1991 [1963].
2   Immanuel Wallerstein, Das moderne Weltsystem, Frankfurt/M. 1986.
3   Eric Hobsbawm, Age of Extremes: The Short 20th Century, London 1995.
4   Hans-Heinrich Nolte, Die eine Welt, Hannover 1982.
5   Jan Vansina, Paths in the Rainforest, London 1990.
6   Philip D. Curtin, Cross-cultural Trade in World History, Cambridge 1984.
7   Steven Feierman, The Shambaa Kingdom: A History, Madison, Wisc. 1974.
8   Helmut Bley, Die Großregionen Afrikas oder Die Grenzen des Autochthonen. In: Periplus. Jahrbuch für Außereuropäische Geschichte, 4 (1994), S. 1-14.
9   Carolyn Hamilton (Hg.), The Mfecane Aftermath. Reconstructive Debates in Southern African History, Johannesburg 1995.
10 Diskussionsbeiträge von Jörn Rüsen und Neville Alexander auf den obengenannten Schulbuchkonferenzen; dokumentiert vom Internationalen Schulbuchinstitut, Braunschweig.
11 André Gunder Frank, ReOrient. Global Economy in the Asian Age, New Delhi 1998.
12 Christopher A. Bayly, Imperial Meridian. The British Empire and the World 1780-1830, London 1989.
13 Aleksandr V. Cajanov, Die Lehre von der bäuerlichen Wirtschaft, Berlin 1923.
14 Otto Brunner, Land und Herrschaft, Wien 1941.
15 Teodor Shanin, Peasants and Peasant Societies, Hardmondsworth 1975; Eric Wolf, Peasant Wars of the 20th Century, New York 1998.
16 James C. Scott, The Moral Economy of the Peasant: Rebellion and Subsistence in South East Asia, New Haven 1976.
17 E.P. Thompson, The Making of the English Working Class, London 1968.
18 R. Palmer/Neil Parsons (Hg.), The Roots of Rural Poverty in Central and Southern Africa, London 1977.
19 Dieter Senghaas, Von Europa lernen, Frankfurt/Main 1982; Alexander Schölch, Die ägyptische Gesellschaft im 20. Jahrhundert, Hamburg 1992; Dietmar Rothermund, Die Peripherie in der Weltwirtschaftskrise, Paderborn 1982.

Weltgeschichte in pragmatischer Absicht? Kommentar zu Helmut Bley

Andreas Eckert

Bei den folgenden kurzen Ausführungen geht es weniger darum, einen detaillierten Kommentar zu Helmut Bleys Beitrag zu formulieren, als vielmehr daran anknüpfend einige allgemeinere, eher ungeordnete Überlegungen zu den aktuellen Debatten über „Weltgeschichte" zu präsentieren. Während Steven Feierman in seinem Aufsatz vor allem die Produktion von Wissen ins Zentrum stellt, ist es Bley vornehmlich um die Vermittlung von Wissen zu tun. Dieser Aspekt ist nicht zuletzt vor dem Hintergrund der aktuellen Gegebenheiten in der bundesdeutschen Geschichtswissenschaft von Belang. Hier fristen Bereiche, die in der einen oder anderen Weise in den Kontext von „Weltgeschichte" gehören, wie die Geschichte von Imperialismus und Kolonialismus oder eben auch die Geschichte Afrikas, immer noch ein Mauerblümchendasein. Diese Provinzialität, die nationalgeschichtliche Fixierung der deutschen Neuzeithistorie hat Ursachen: Deutschland war niemals eine imperiale Nation, die Geschichte seines Kolonialismus war kurz. Von den großen Krisen im Gefolge der Dekolonisation nach dem Zweiten Weltkrieg, wie sie etwa das metropolitane Frankreich massiv tangierten, blieb Deutschland weitgehend unberührt.[1] Doch in einer Zeit, in der auch die Geschichtsforschung zunehmend aufgefordert ist, zur Globalisierungsdebatte mit einer historischen Perspektive beizutragen, sollten weltgeschichtliche Aspekte eine größere Bedeutung gewinnen. Und in diesem Kontext erscheint es dringend notwendig, jenseits aller zweifelsohne wichtigen theoretischen Reflexionen auch, wie Bley es tut, ganz konkret über Konzepte von Weltgeschichte in der universitären und schulischen Lehre nachzudenken.

Obwohl Prozesse der Globalisierung in aller Munde sind, ähnelt der Versuch, dem Gegenstand definitorisch beizukommen, der Anstrengung, einen Pudding an die Wand zu nageln. In seiner allgemeinsten Form bezeichnet dieser Begriff die immer dichtere und schnellere, tendenziell den gesamten Erdball umspannende Verflechtung von lokalen und räumlich weit entfernten Strukturen, Prozessen und Ereignissen. In den Sozial- und Kulturwissenschaften sind wirtschaftliche, massenmediale und politische Globalisierungstendenzen seit den 1960er Jahren unter Leitbegriffen wie „Global Village", „Weltgesellschaft", „Modernes Weltsystem" und zuletzt „Global Culture" debattiert worden. Insbesondere Arbeiten aus dem letztgenannten Feld heben hervor, daß Globalisierung keineswegs nur für die Homogenisierung der Welt steht, sondern gleichzeitig vielfältige neue Heterogenitäten hervorbringt.[2] Auch die lange an den Rand gedrängte „Weltgeschichte" ist in den vergangenen Jahren in diesem Kontext zu neuem Leben erwacht. Ihre Erneuerung kam vornehmlich, schreiben Michael Geyer und Matthias Middell, „aus der niederen Schule der Erfahrungen, welche sehr verschiedene Menschen mit dem Problem globaler Beziehungen konfrontierte." Die zentrale Herausforderung einer revitalisierten Weltgeschichte, so heißt es weiter, „ergibt sich ganz pragmatisch aus der Frage, wie wir in einem Zeitalter der weltumspannenden und von vielen regionalen Zentren ausgehenden Kommunikation, kurzum in einem Zeitalter der Globalität, die Geschichte der vergangenen und vergehenden Zeiten begreifen können."[3]

Dabei kann es freilich nicht darum gehen, auf die ausgetretenen Pfade früherer universalhistorischer Ansätze zurückzukehren.[4] Denn wie oft hat der Anspruch, Weltgeschichte zu schreiben, äußerst ethnozentrische Entwürfe lediglich kaschiert. Wie häufig haben weltgeschichtliche Darstellungen das nicht-europäische Erbe nur zugedeckt oder ignoriert, anstatt es, wie versprochen, „aufzuheben". William McNeills berühmtes, 1963 erstmals publiziertes Buch „The Rise of the West: A History of the Human Community" steht, nicht ohne Grund, für die heute so scharf kritisierte europazentrierte Geschichte der Sieger.[5] Doch hat dieses Buch gleichzeitig eine empirische Wende in der Universalgeschichtsschreibung eingeleitet und nützliche Grundregeln eingeführt, die in der heute ausgebrochenen Weltgeschichtseuphorie bisweilen aus dem Blickfeld zu geraten drohen – etwa die intensive Auseinandersetzung mit der Spezialforschung, Mißtrauen gegen allzu simpel gestrickte Supertheorien und Vorsicht vor Allwissenheitsphantasien.

McNeill, der sich im übrigen von der „Europazentrik" seines Opus magnum mehrfach distanzierte,[6] spielte eine zentrale Rolle bei der Implementierung von „World History" als Standardfach an amerikanischen Schulen und Colleges.[7] Es finden sich nicht nur entsprechende Kurse in den Curricula der meisten historischen Seminare; spätestens seit Ende der 1980er Jahre haben wir es in den Vereinigten Staaten mit einer ständig expandierenden akademischen Branche zu tun, die sich in eigenen Buchreihen, Zeitschriften, Internetforen und Vereinen manifestiert.[8] Böse Zungen behaupten, der Aufstieg dieser Teildisziplin sei vornehmlich dem Sparzwang im Bildungssektor geschuldet, denn nun ersetze ein Generalist für Weltgeschichte viele Regionalspezialisten.[9] Ebenso große Bedeutung hatte in den USA aber die multikulturelle Zusammensetzung der Studentenschaft: Die Einwanderung und Mobilität Bildungshungriger aus vielen Teilen der Welt, gleichsam reale Vorgänge der Globalisierung, zogen eine geänderte historische Ausbildung nach sich und ließen es als immer dringlicher erscheinen, Geschichte nicht allein als Aufstiegsgeschichte des Westens zu lehren, sondern als *Welt*geschichte im eigentlichen Sinne. In Deutschland dagegen stellen schulische und universitäre „World-History"-Seminare noch eine Rarität dar. Wie Bley zu berichten weiß, nehmen entsprechende Aktivitäten allerdings zu.[10] In Bezug auf die Geschichtsschreibung zu Afrika fällt auf, daß der Mainstream bisher nur äußerst selten afrikanische Geschichte im Kontext von weltgeschichtlichen Paradigmen betrachtet hat, und Afrika etwa im „Journal of World History" bislang nur gelegentlich Erwähnung findet.[11]

Unter der bunten Flagge „Weltgeschichte" segelt eine bunte Mischung von Ansätzen. Bislang haben sich in diesem Forschungsfeld weder deutlich distinkte Schulen noch methodologisch jeweils klar profilierte Zugangsweisen etabliert. Auseinandersetzungen um die theoretische Lufthoheit sind in vollem Gange und programmatische Aufrufe allerorten zu lesen.[12] Auch über didaktische Umsetzungen und Lehrplaninhalte finden lebhafte Diskussionen statt. Bleys Beitrag macht in diesem Zusammenhang eine Reihe von bedenkenswerten Vorschlägen. Von ihm nicht weiter reflektiert wird die begriffliche Dimension von „Weltgeschichte" und ihre begriffliche Abgrenzung etwa zu „Globalgeschichte". Bruce Mazlish hat diesbezüglich eine sorgfältige Trennung der beiden Bereiche gefordert.[13] Eine genuin globale Geschichte habe in historischer Perspektive die Faktoren der heute offenkundigen Globalisierung nachzuzeichnen, wobei Aspekte wie die neuen Technologien, der Aufstieg von Konsumismus und multinationalen Konzernen sowie die Ausbreitung von Populärkultur unsere besondere Aufmerksamkeit verdienen würden.

Jürgen Osterhammel hat jüngst in einer Skizze über „universalhistorische Denkstile im 20. Jahrhundert" fünf solcher Stile unterschieden und ihre heute jeweils markantesten Vertreter vorgestellt.[14] Die philosophische Geschichte, für die vor allem Ernest Gellner steht, versucht, Form und Richtung der gesamten Menschheitsgeschichte unter wenige allgemeine Prinzipien zu fassen.[15] Neuere Ausprägungen des sozialen Evolutionismus, repräsentiert durch Stephen K. Sanderson, meinen, die Weltgeschichte als Ganze erklären zu können.[16] Hier handelt es sich um eine Verallgemeinerung des neuzeitlichen Schemas des „modernen Weltsystems", das der auch in Deutschland rezipierte Soziologe Immanuel Wallerstein in den 1970er Jahren erstmals vorlegte.[17] Der naturwissenschaftliche Blick auf die Geschichte, wie ihn zum Beispiel der Physiologe und Evolutionsbiologe Jared Diamond praktiziert, rückt Aspekte wie Klimazonen, Krankheitskeime und die Zahl domestizierbarer Pflanzen und Tiere ins Zentrum der Betrachtung.[18] Und der nicht zuletzt mit Fernand Braudel verbundene „divergent-konvergente Ansatz", heute prominent vertreten durch Felipe Fernández-Armesto,[19] verharrt bewusst „in der Spannung zwischen unverbundener Gleichzeitigkeit des Partikularen und übergreifenden, verknüpfenden Prozessen."[20]

Der fünfte von Osterhammel charakterisierte Denkstil, die „ökumenische Perspektive", scheint am ehesten mit dem geschichtswissenschaftlichen Mainstream kompatibel zu sein. Dieser Ansatz, für den Bruce Mazlish und andere Vertreter der „global history" stehen, untersucht Vernetzungen, Diffusion, Austausch und Lernprozesse zwischen Zivilisationen. Epochale Gesamtbilder werden hier nicht gezeichnet. Im Zentrum der Analyse stehen Menschen, Sachen, Informationen und Bilder in Bewegung, und es gilt, die Strukturen und Muster zu rekonstruieren, welche durch diese Bewegungsformen entstehen. Migrationsbewegungen und transregionale Netzwerke sind wichtige Themenfelder in diesem Kontext. Das Ziel dieser „Weltgeschichte in pragmatischer Absicht" besteht, wie es bei Geyer und Middell noch recht vage heißt, darin, „globale Konfigurationen und Regime offenzulegen, gewissermaßen zu kartographieren". Sie müsse versuchen, „Wege zu finden, die Welt als einen Ort des Zusammenlebens zu begreifen, an dem die Geschichten dieser Welt zusammengeworfen sind, aber Menschen und Gesellschaften sich deshalb nicht notwendigerweise gleichen".[21]

Es ist allerdings eine gewisse Skepsis angebracht, ob Konzepte wie „Weltgeschichte" oder „Globalgeschichte" sich tatsächlich als tragfähig erweisen, oder ob sie letztlich doch nur vage Sammeletiketten bleiben, die an alle möglichen Zugänge geklebt werden können. Bislang überwiegen programmatische Aufrufe bei weitem konkrete und empirisch belastbare Forschungen. Zwei Aspekte der Debatte, die zumindest implizit in Bleys Vortrag angesprochen werden, weisen immerhin in eine positive Richtung. Zumindest ein Teil der Weltgeschichtsschreibung hat die Impulse aufgenommen, die das von der Computertechnologie geförderte Denken in

Netzwerken gegeben hat. Das unilineare Stammbaumdenken, in dem weder Platz für Rückkopplungen noch für Überlagerungen war, ist einem Denken in offenen Systemen gewichen, in dem Historiker es mit einer Vielzahl konkurrierender Geschichtsversionen zu tun haben. Diese Vielstimmigkeit kann eine Tugend sein, und es ist möglich, mit Widersprüchen zu leben, ohne gleich in postmoderne Beliebigkeit zu verfallen. Der zweite Aspekt ist die Durchbrechung des gerade in Deutschland so üblichen nationalgeschichtlichen Paradigmas der Geschichtswissenschaft. Das bedeutet allerdings auch für Afrika-Historiker, Bley weist darauf hin, sich aus der eigenen Nische fortzubewegen und den Mut zum Allgemeinen, zum Überblick und zur Verknüpfung mit einem globale(re)n Kontext aufzubringen.

Anmerkungen

1. Vgl. Jürgen Osterhammel, Imperialgeschichte. In: Christoph Cornelißen (Hg.), Geschichtswissenschaften. Eine Einführung (Frankfurt/Main 2000), S. 222.
2. Vgl. zu diesem Punkt etwa einige Beiträge in Mike Featherstone/Scott Lash/Roland Robertson (Hg.), Global Modernities, London ²1997).
3. Michael Geyer/Matthias Middell, Weltgeschichte vor den Herausforderungen der Globalisierung. In: Beiträge zur Historischen Sozialkunde, 28 (1998), Sondernummer, S. 21.
4. Einen Überblick gibt Ernst Schulin (Hg.), Universalgeschichte, Köln 1974) ders., Universalgeschichtsschreibung im 20. Jahrhundert. In: Ders., Traditionskritik und Rekonstruktionsversuch. Studien zur Entwicklung der von Geschichtswissenschaft und historischem Denken, Göttingen 1979, S. 163-202; 269-282.
5. Dieses Buch gehört zu den Bestsellern (und Longsellern) unter den historischen Werken. Bis Ende der 1980er Jahre wurden 75.000 Exemplare abgesetzt. Vgl. William H. McNeill, The Rise of the West after Twenty-Five Years. In: Journal of World History 1 (1990) 1, S. 1.
6. Vgl. zuletzt William H. McNeill, World History and the Rise and the Fall of the West. In: Journal of World History 9 (1998) 2, S. 215-236.
7. Vgl. auch R.I. Moore, World History. In: Michael Bently (Hg.), Companion to Historiography, Oxford 1997, S. 941-959.
8. Genannt seien in diesem Zusammenhang die Buchreihe „Global History", die Zeitschrift „Journal of World History" sowie die auch von Bley erwähnte „World History Association".
9. Vgl. Michael Geyer/Charles Bright, World History in a Global Age. In: American Historical Review 100 (1995) 2, S. 1038.
10. Ergänzend sei etwa auf den „Verein für Geschichte des Weltsystems e.V." verwiesen, der sich 1992 auf Initiative des an der Universität Hannover lehrenden Osteuropahistorikers Hans-Heinrich Nolte etabliert hat.
11. Vgl. Adam Jones, Africa in World History. In: Storia della Storiografia 35 (1999), S. 75-82.
12. Vgl. z.B. den kürzlich erschienenen Sammelband Philip Pomper/Richard H. Elphick/Richard T. Vann (Hg.), World History. Ideologies, Structures, and Identities, Oxford 1998.
13. Vgl. Bruce Mazlish, Comparing Global History to World History. In: Journal of Interdisciplinary History 25 (1998) 3, S. 385-395; vgl. auch Bruce Mazlish/Ralph Buultjens (Hg.), Conceptualizing Global History, Boulder, Col. 1993.
14. Jürgen Osterhammel, „Höherer Wahnsinn". Universalhistorische Denkstile im 20. Jahrhundert. In: Horst Walter Blanke/Friedrich Jaeger/Thomas Sandkühler (Hg.), Dimensionen der Historik. Geschichtstheorie, Wissenschaftsgeschichte und Geschichtskultur heute, Köln 1998, S. 277-286.
15. Ernest Gellner, Plough, Sword and Book. The Structure of Human History, London 1988.
16. Stephen K. Sanderson, Social Transformations. A General Theory of Historical Development, Oxford 1995.

17 Vgl. Immanuel Wallerstein, The Modern World System. Bd.1: Capitalist Agriculture and the Origins of the European World Economy in the Sixteenth Century, New York 1974; Bd.2: Mercantilism and the Consolidation of the European World Economy 1600-1750, New York 1980; Bd.3: The Second Era of Great Expansion of the Capitalist World Economy 1730-1840s, New York 1984.
18 Jared Diamond, Gun, Germs and Steel: The Fate of Human Societies, New York 1997 (dt. Ausgabe: Arm und Reich. Die Schicksale menschlicher Gesellschaften, Frankfurt/Main 1999). Eine der bekanntesten Arbeiten in diesem Kontext ist Alfred W. Crosby, Ecological Imperialism. The Biological Expansion of Europe, 900-1900 (Cambridge 1986. Vgl. jetzt auch Joachim Radkau, Natur und Macht. Eine Weltgeschichte der Umwelt, München 2000.
19 Vgl. Felipe Fernández-Armesto, Millenium, London 1995. (dt. Ausgabe 1999).
20 Osterhammel, „Höherer Wahnsinn"..., a.a.O., S. 285.
21 Geyer/Middell, a.a.O., S. 32.

Autorenverzeichnis

Helmut Bley, Professor für Neue und Außereuropäische Geschichte am Historischen Seminar der Universität Hannover
email: nhribley@mbox.hist-sem.uni-hannover.de

Andreas Eckert, Historiker, Habilitationsstipendiat am Deutschen Historischen Institut in London
email: andreas_eckert@rrz.uni-hamburg.de

Steven Feierman, Professor für Geschichte und Wissenschaftsgeschichte an der University of Pennsylvania, Philadelphia
email: feierman@sas.upenn.edu

Axel Harneit-Sievers, Historiker, Wissenschaftlicher Mitarbeiter am Zentrum Moderner Orient, Berlin
email: ahasver@gmx.net

Heike Schmidt, Historikerin, Wissenschaftliche Assistentin am Institut für Afrika- und Asienwissenschaften der Humboldt-Universität, Berlin
email: heike.schmidt.1@rz.hu-berlin.de

ZENTRUM MODERNER ORIENT

ARBEITSHEFTE

Nr. 4   GERHARD HÖPP: Arabische und islamische Periodika in Berlin und Brandenburg, 1915 - 1945. Geschichtlicher Abriß und Bibliographie

Nr. 5   DIETRICH REETZ: Hijrat: The Flight of the Faithful. A British file on the Exodus of Muslim Peasants from North India to Afghanistan in 1920

Nr. 6   HENNER FÜRTIG: Demokratie in Saudi-Arabien? Die Āl Saʿūd und die Folgen des zweiten Golfkrieges

Nr. 7   THOMAS SCHEFFLER: Die SPD und der Algerienkrieg (1954-1962)

Nr. 8   ANNEMARIE HAFNER (Hg.): Essays on South Asian Society, Culture and Politics

Nr. 9   BERNT GLATZER (Hg.): Essays on South Asian Society, Culture and Politics II

Nr. 10 UTE LUIG/ACHIM VON OPPEN (Hg.): Naturaneignung in Afrika als sozialer und symbolischer Prozess

Nr. 11 GERHARD HÖPP/GERDIEN JONKER (Hg.): In fremder Erde. Zur Geschichte und Gegenwart der islamischen Bestattung in Deutschland

Nr. 12 HENNER FÜRTIG: Liberalisierung als Herausforderung. Wie stabil ist die Islamische Republik Iran?

Nr. 13 UWE PFULLMANN: Thronfolge in Saudi-Arabien - vom Anfang der wahhabitischen Bewegung bis 1953

Nr. 14 DIETRICH REETZ/HEIKE LIEBAU (Hg.): Globale Prozesse und "Akteure des Wandels": Quellen und Methoden ihrer Untersuchung

Nr. 15 JAN-GEORG DEUTSCH/INGEBORG HALENE (Hg.): Afrikabezogene Nachlässe in den Bibliotheken und Archiven der Bundesländer Berlin, Brandenburg und Mecklenburg-Vorpommern

Nr. 16 HENNER FÜRTIG/GERHARD HÖPP (Hg.): Wessen Geschichte? Muslimische Erfahrungen historischer Zäsuren im 20. Jahrhundert

STUDIEN

Bd. 1   JOACHIM HEIDRICH (Hg.): Changing Identities. The Transformation of Asian and African Societies under Colonialism

Bd. 2   ACHIM VON OPPEN/RICHARD ROTTENBURG (Hg.): Organisationswandel in Afrika: Kollektive Praxis und kulturelle Aneignung

Bd. 3   JAN-GEORG DEUTSCH: Educating the Middlemen: A Political and Economic History of Statutory Cocoa Marketing in Nigeria, 1936-1947

Bd. 4   GERHARD HÖPP (Hg.): Fremde Erfahrungen: Asiaten und Afrikaner in Deutschland, Österreich und in der Schweiz bis 1945

Bd. 5   HELMUT BLEY: Afrika: Geschichte und Politik. Ausgewählte Beiträge 1967-1992

Bd. 6   GERHARD HÖPP: Muslime in der Mark. Als Kriegsgefangene und Internierte in Wünsdorf und Zossen, 1914 - 1924

Bd. 7   JAN-GEORG DEUTSCH/ALBERT WIRZ (Hg.): Geschichte in Afrika. Einführung in Probleme und Debatten

Bd. 8   HENNER FÜRTIG: Islamische Weltauffassung und außenpolitische Konzeptionen der iranischen Staatsführung seit dem Tod Ajatollah Khomeinis

Bd. 9   BRIGITTE BÜHLER: Mündliche Überlieferungen: Geschichte und Geschichten der Wiya im Grasland von Kamerun

Bd. 10 KATJA FÜLLBERG-STOLBERG/PETRA HEIDRICH/ELLINOR SCHÖNE (Hg.): Dissociation and Appropriation: Responses to Globalization in Asia and Africa

Bd. 11 GERDIEN JONKER (Hg.): Kern und Rand. Religiöse Minderheiten aus der Türkei in Deutschland

Bd. 12 REINHART KÖßLER/DIETER NEUBERT/ACHIM V. OPPEN (Hg.): Gemeinschaften in einer entgrenzten Welt

SCHRIFTEN DES ARBEITSKREISES MODERNE UND ISLAM

Bd. 1   ZEYNEP AYGEN (Hg.): Bürger statt Städter. Bürgerbeteiligung als Strategie der Problemlösung und der sozialen Integration

Bd. 2   STEPHAN ROSINY: Shi'a Publishing in Lebanon. With Special Reference to Islamic and Islamist Publications

In Vorbereitung:

ARBEITSHEFTE

Gerhard Höpp: Texte aus der Fremde. Arabische politische Publizistik in Deutschland, 1896-1945. Eine Bibliographie

STUDIEN

GERHARD HÖPP/BRIGITTE REINWALD (Hg.): Fremdeinsätze. Afrikaner und Asiaten in europäischen Kriegen, 1914 - 1945

SCHRIFTEN DES ARBEITSKREISES
MODERNE UND ISLAM

Berlin für Orientalisten. Ein Handbuch

Bei Fragen zur Produktsicherheit wenden Sie sich bitte an:
If you have any questions regarding product safety,
please contact:

Walter de Gruyter GmbH
Genthiner Straße 13
10785 Berlin
productsafety@degruyterbrill.com